東京大學史料編纂所編纂

大日本古文書

島津家文書之六

東京大學藏版

例言

島津家文書ノ出版

一、既刊島津家文書之五ニ續キ、島津家文書之六ヲ出版ス、

編纂ノ體例

一、編纂ノ體例ハ、概ネ既刊島津家文書ニ從ヒタルモ、第四册以降之ヲ改メ、若クハ新タニ採用シタルモノアリ、今之ヲ左ニ掲グ、

字體

一、字體ハ概ネ正字ヲ用ヒタルモ、時代ニ特徴的ナ異體字、俗字、略字ナド特ニ古文書研究ニ必要ナルモノハ、成ベクソノ原形ヲ存シタリ、

變體假名

一、變體假名ハ、成ベク原本ノ字體ヲ殘シタルモ、近キ字體ニテ代用シタルモノモアリ、

文字ノ摩滅蟲損等

一、文字ニ摩滅、蟲損等アルトキハ、字數ヲ推算シ□ □デ示シ、字數不明ノ箇所ハ相當分ノ［　　］、上部缺損ハ［　　］、下部缺損ハ［　　］デ示シタリ、

符號ノ用例

一、原本ノ文字ガ折紙ノ表裏ニ渉ル場合、表ノ末行ノ行底ニ」印ヲ加ヘテ示セリ、料紙ガ二紙以上ニ渉ル場合、次ノ料紙ノ文字ノ右ニ…………（紙繼目）トシテ示シ、紙繼目上ニ文字ガアル時ハ…………（紙繼目◎）ト記セリ、

花押
印章

傍注

人名

一、花押ハあらびあ數字ニテ示シ、巻末ニ縮寫ヲ掲ゲ、文書番號ヲ注記セリ、印章ハ原寸大ニテ掲ゲリ、

一、人物・地名・年代・缺字ノ判讀等ノ傍注ハ（　）印ヲ用ヒ、文字ノ注記及ビ誤脱ノ訂正、地名ノ校訂等ニ關スル傍注ハ〔　〕印ヲ用ヒタリ、頻出セル傍注ハ巻ノ初出ノミトセリ、

一、人名ノ傍注ハ、最後ノ名若クハ一般ニ知ラレタル名ヲ採用セシモ、島津家久ノミハ改名時マデ當時ノ實名タル忠恒ヲ採用セリ、

平成三十一年三月

大日本古文書　家わけ第十六

島津家文書之六

目次

〔御文書　家久公十二 二十二通　巻十七〕

二二四四 (慶長十三年)五月十七日 山口直友書状(折紙)……七
二二四五 (慶長十三年)五月廿一日 片桐且元書状(折紙)……八
二二四六 (慶長十三年)五月廿五日 土井利勝書状(折紙)……九
二二四七 (慶長十三年)五月廿六日 本多正信書状(折紙)……一〇
二二四八 (慶長十三年)五月十七日 本多正純書状(折紙)……一一
二二四九 (慶長十三年)六月四日 小林家孝書状(折紙)……一二
二二五〇 (慶長十三年)七月十日 山口直友書状(折紙)……一四
二二五一 (慶長十三年)七月十九日 山口直友書状(折紙)……一五
二二五二 (慶長十三年)九月五日 山口直友書状(折紙)……一六
二二五三 (慶長十三年)九月七日 本多正純書状(折紙)……一七
二二五四 (慶長十三年)九月十五日 本多正信書状(折紙)……一八
二二五五 (慶長十三年)十月十八日 細川玄旨藤孝書状(折紙)……一八
二二五六 (慶長十五年)十一月廿三日 片桐且元書状(折紙)……一九
二二五七 (慶長十三年)十二月廿九日 本多正信書状(折紙)……二〇
二二五八 (慶長十三年)十二月晦日 山口直友書状(續紙)……二一

〔御文書　家久公十三 二十五通　巻十八〕

二一七一（年未詳）七月十五日　高野山善集院榮旻書狀（折紙）……三三
二一七二（慶長十三年）七月十六日　高野山寶龜院朝印書狀（折紙）……三四
二一七三（慶長十三年）七月廿六日　本多正信書狀（折紙）……三五
二一七四（年未詳）八月十三日　竹中隆重（重利）書狀（折紙）……三五
二一七五（年未詳）九月八日　本多正純書狀（折紙）……三七
二一七六（年未詳）十月十日　山口直友書狀（折紙）……三七
二一七七（慶長十四年）霜月七日　飛鳥井雅庸書狀（折紙）……三八
二一七八（慶長十四年）極月二日　本多正純書狀（折紙）……三九
二一七九（慶長十四年）十二月十三日　山口直友書狀（折紙）……三九
二一八〇（慶長十四年）極月廿四日　清水光直書狀（折紙）……四〇
二一八一（年未詳）十二月廿五日　福島正則書狀（折紙）……四一
二一八二（慶長十四年）十二月廿六日　本多正信書狀（折紙）……四二

〔御文書　家久公十四　二十三通　卷十九〕

二一八三　(慶長十五年)二月二日　山口直友書狀(折紙)……四四
二一八四　(慶長十五年)閏二月三日　山口直友書狀(折紙)……四四
二一八五　(慶長十五年)卯月十二日　本多正純奉書(折紙)……四五
二一八六　(慶長十五年)五月十四日　本多正純書狀(折紙)……四六
二一八七　(慶長十五年)六月朔日　山口直友書狀(折紙)……四七
二一八八　(慶長十五年)六月廿五日　藤堂高虎書狀(續紙)……四八
二一八九　(慶長十六年)七月九日　本多正信書狀(折紙)……四八
二一九〇　(慶長十六年)七月十六日　本多正純書狀(折紙)……四九
二一九一　(慶長十六年)七月十九日　山口直友書狀(折紙)……五〇
二一九二　(慶長十五年)七月廿四日　寺澤廣高書狀(折紙)……五一
二一九三　(慶長十五年)八月廿五日　本多正信書狀(折紙)……五二
二一九四　(慶長十五年)九月三日　本多正純書狀(折紙)……五二
二一九五　(年　月　日　缺)　島津家久起請文前書案(竪紙)……五三
二一九六　慶長十五年九月廿五日　本多正純起請文(續紙)……五四
二一九七　(慶長十五年)九月廿九日　本多正純書狀(折紙)……五五

〔御文書　家久公十六 二十四通　巻廿一〕

二三三七　(慶長十七年)十一月五日　眞福寺興清書狀(折紙)……九四
二三三八　(慶長十七年)極月廿二日　山口直友書狀(折紙)……九五
二三三九　(慶長十八年)三月初五　難波宗勝書狀(折紙)……九六
二三四〇　(慶長十八年)三月六日　飛鳥井雅庸書狀(折紙)……九七
二三四一　(慶長十七年)卯月二日　山口直友書狀(折紙)……九八
二三四二　(慶長十八年)卯月廿三日　理性院觀助書狀(折紙)……九九
二三四三　(慶長十八年)五月廿日　近衛信尹書狀(續紙)……一〇〇
二三四四　(慶長十八年)六月廿一日　近衛信尹書狀(續紙)……一〇〇
二三四五　(慶長十八年)六月十九日　山口直友書狀(折紙)……一〇一
二三四六　(慶長十八年)拾月廿二日　板倉勝重黑印狀(折紙)……一〇二
二三四七　(慶長十八年)十一月十六日　稻葉典通書狀(折紙)……一〇三
二三四八　(慶長十八年)十一月十六日　相良賴房書狀(折紙)……一〇四

〔御文書　家久公十七　二十四通　卷廿二〕

二二四九　(慶長十八年)霜月廿四日　寺澤廣高書狀(折紙)……一〇五
二二五〇　(慶長十九年)卯月廿五日　本多正信書狀(折紙)……一〇六
二二五一　(慶長十九年)五月十七日　長谷川藤廣書狀(折紙)……一〇七
二二五二　(慶長十九年)八月八日　山口直友書狀(折紙)……一〇八
二二五三　(慶長十九年)八月十二日　長谷川藤廣書狀(折紙)……一〇九
二二五四　(慶長十九年)八月十三日　山口直友書狀(折紙)……一一〇
二二五五　(慶長十九年)九月廿三日　大野治長添狀案(折紙)……一一〇
二二五六　(慶長十九年)九月廿六日　山口直友書狀(折紙)……一一二
二二五七　(慶長十九年)十月八日　山口直友書狀(折紙)……一一三
二二五八　(慶長十九年)十月廿五日　德川家康付年寄連署奉書(折紙)……一一三
二二五九　(慶長十九年)十月廿五日　細川忠興覺書(折紙)……一一五
二二六〇　(慶長十九年)霜月三日　山口直友書狀(折紙)……一一六

二二六一（慶長十九年）極月七日　松平定勝書状（折紙）……一一六
二二六二（元和元年）正月十一日　本多正信書状（折紙）……一一七
二二六三（慶長二十年）卯月廿日　山口直友書状（折紙）……一一八
二二六四（慶長二十年）五月二日　飛鳥井雅庸書状（折紙）……一一九
二二六五（慶長二十年）五月廿五日　細川忠興書状（折紙）……一二〇
二二六六（慶長二十年）六月三日　本多正信書状（折紙）……一二一
二二六七（慶長二十年）六月六日　本多正純書状（竪紙）……一二二
二二六八（慶長二十年）六月八日　本多正勝書状（竪紙）……一二三
二二六九（慶長二十年）六月八日　長谷川藤廣書状（折紙）……一二三
二二七〇（慶長二十年）六月十日　本多正信書状（折紙）……一二四
二二七一（慶長二十年）六月十四日　江戸幕府年寄連署奉書（折紙）……一二五
二二七二（慶長二十年）六月十六日　藤堂高虎書状（折紙）……一二六

〔御文書　家久公十八 二十三通　卷廿三〕

〔御文書　家久公十九　三十三通　巻廿四〕

二二九七　(元和三年)七月九日　西洞院時慶書状(竪紙)……一四八
二二九八　(元和三年)七月十四日　本多正純書状(折紙)……一四八
二二九九　(元和三年)七月十七日　板倉勝重書状(折紙)……一四九
二三〇〇　(元和三年)七月廿日　西洞院時慶書状(竪紙)……一五〇
二三〇一　(元和三年)七月廿三日　西洞院時慶書状(竪紙)……一五一
二三〇二　(元和三年)八月五日　西洞院時直書状(竪紙)……一五二
二三〇三　(元和三年)八月八日　西洞院時直書状(竪紙)……一五二
二三〇四　(元和三年)八月九日　西洞院時直書状(竪紙)……一五三
二三〇五　(元和三年)八月九日　西洞院時慶書状(竪紙)……一五四
二三〇六　(元和三年)八月十日　西洞院時直書状(竪紙)……一五四
二三〇七　(元和三年)八月十一日　西洞院時直書状(竪紙)……一五五
二三〇八　(元和三年)八月十一日　西洞院時慶書状(竪紙)……一五六

〔御文書　家久公二十 二十四通　巻廿五〕

二三四八　(元和六年)九月二日　毛利秀就書狀(堅紙)……一八七
二三四九　(元和六年)九月八日　土井利勝書狀(折紙)……一八八
二三五〇　(元和六年)十月十一日　酒井忠世書狀(堅紙)……一八八
二三五一　(元和六年)霜月十三日　酒井忠世書狀(堅紙)……一八九
二三五二　(元和六年)極月七日　井上正就書狀(折紙)……一九〇
二三五三　元和七年二月六日　細川忠利起請文(堅紙)……一九一
二三五四　(元和六年)六月十三日　細川忠興書狀(折紙二紙)……一九二
二三五五　(寛永二年)二月十一日　板倉重宗書狀(折紙)……一九四
二三五六　(寛永二年)二月廿七日　山口直友書狀(折紙)……一九五
二三五七　(元和八年)卯月廿二日　寺澤廣高書狀(折紙)……一九六
二三五八　(元和八年)五月三日　井上正就書狀(折紙)……一九七
二三五九　(元和七年)季夏十七日　琉球中山王尚豐書狀(堅紙)……一九八
二三六〇　(元和八年)九月五日　飛鳥井雅胤書狀(折紙)……一九八
二三六一　(元和八年)二月十三日　細川忠利書狀(續紙)……一九九
二三六二　(元和九年)六月三日　西洞院時直書狀(堅紙)……二〇二

〔御文書　家久公廿二　二十四通　巻廿七〕

〔御文書 家久公廿三 二十三通 巻廿八〕

一二三九〇 （寛永三年）八月廿八日 牧野正成書状（折紙）……一二二六
一二三九一 （寛永三年）九月二日 松庵圓玄書状（折紙）……一二二六
一二三九二 （寛永十一年）十月十三日 江戸幕府年寄連署奉書（折紙）……一二二七
一二三九三 （寛永三年）十二月五日 江戸幕府西丸年寄連署奉書（折紙）……一二二九
一二三九四 寛永三年十二月五日 江戸幕府西丸年寄連署鶴送状（切紙）……一二二九
一二三九五 （寛永四年）正月十一日 琉球中山王尚豊書状（竪紙）……一二三〇
一二三九六 （寛永四年）正月十一日 琉球中山王尚豊書状（竪紙）……一二三一
一二三九七 （寛永四年）二月十二日 酒井忠勝書状（折紙）……一二三二
一二三九八 （寛永四年）六月廿四日 酒井忠世書状（折紙）……一二三三
一二三九九 （寛永四年）七月廿一日 土井利勝書状（折紙）……一二三四
一二四〇〇 （元和八年）八月廿九日 酒井忠世書状（折紙）……一二三五
一二四〇一 （寛永四年）十一月八日 四辻季繼書状（折紙）……一二三六

〔御文書　家久公廿四　二十四通　巻廿九〕

〔御文書　家久公廿五　二十一通　巻三十〕

〔御文書　家久公廿六 二十二通　卷三十一〕

二四六八　(寛永十二年)二月朔日　内藤忠重・安藤重長連署状(折紙)……三〇二
二四六九　(寛永十二年)三月朔日　土井利勝・酒井忠勝連署書状(折紙)……三〇四
二四七〇　(寛永十二年)七月晦日　土井利勝・酒井忠勝連署書状(折紙)……三〇五
二四七一　(寛永十二年)九月廿六日　有馬豊氏書状(折紙)……三〇六
二四七二　(寛永十二年)霜月廿五日　板倉重宗書状(切紙)……三〇七
二四七三　(寛永十二年)十二月十一日　有馬康純書状(折紙)……三〇七
二四七四　(寛永十三年)正月十一日　琉球中山王尚豊書状(竪紙)……三〇八
二四七五　寛永十三年三月十四日　江戸幕府年寄連署奉書(折紙)……三〇九
二四七六　(寛永十三年)五月廿二日　理性院観助書状(折紙)……三一〇
二四七七　(寛永十三年)十月六日　江戸幕府年寄連署奉書(折紙)……三一一
二四七八　寛永十三年十月六日　江戸幕府年寄連署鶴送状(折紙)……三一二
二四七九　(寛永十三年)十月八日　土井利勝書状(折紙)……三一三
二四八〇　(寛永十三年)十月九日　江戸幕府年寄連署奉書(折紙)……三一四
二四八一　(寛永十三年)十一月廿二日　土井利勝奉書(折紙)……三一五
二四八二　(寛永十三年)十二月九日　江戸幕府年寄連署奉書(折紙)……三一六

〔御文書　家久公廿七　二十一通　巻三十二〕

二四八三　(寛永十三年)十二月九日　土井利勝書状(折紙)……三一九
二四八四　(寛永十三年)極月九日　松平信綱書状(折紙)……三二〇
二四八五　(寛永十三年)十二月九日　酒井忠勝書状(折紙)……三二一
二四八六　(寛永十三年)極月九日　堀田正盛書状(折紙)……三二二
二四八七　(寛永十三年)十二月十三日　細川忠利書状(折紙)……三二二
二四八八　(寛永十三年)十二月廿七日　江戸幕府年寄連署奉書(折紙)……三二三
二四八九　(寛永十四年)正月十一日　土井利勝書状(折紙)……三二四
二四九〇　(寛永十四年)正月十四日　戸田氏經書状(折紙)……三二五
二四九一　(寛永九年)正月廿一日　松平定綱書状(折紙)……三二六
二四九二　(寛永十四年)二月十一日　神尾元勝書状(折紙)……三二七
二四九三　(寛永十四年)三月十三日　松平定綱書状(折紙)……三二八
二四九四　(寛永十四年)三月十六日　伊達忠宗書状(折紙)……三二九

二四九五 (寛永十四年)三月十九日 江戸幕府年寄連署奉書(折紙)……三三〇
二四九六 (寛永十四年)三月十九日 江戸幕府年寄連署奉書(折紙)……三三一
二四九七 (寛永十四年)閏三月五日 飛鳥井雅宣書状(折紙)……三三三
二四九八 (寛永十四年)閏三月廿八日 江戸幕府年寄連署奉書(折紙)……三三四
二四九九 (寛永十四年)閏三月廿八日 江戸幕府年寄連署奉書(折紙)……三三六
二五〇〇 (寛永十四年)閏三月廿九日 土井利勝書状(折紙)……三三七
二五〇一 (寛永十四年)閏三月廿九日 酒井忠勝書状(折紙)……三三九
二五〇二 (寛永十四年)閏三月廿九日 酒井忠勝書状(折紙)……三四〇
二五〇三 (寛永十四年)四月廿三日 細川忠利書状(折紙)……三四二

大日本古文書　家わけ第十六

島津家文書之六

〔御文書　家久公十二 二十二通　巻十七〕

二一三七　片桐定隆（貞隆）書状（折紙）

豊臣秀頼ノ疱瘡快愈ス
秀頼諸大名ノ見舞ヲ止ム

猶々、秀頼（豊臣）様御氣色、一段能御座候、可御心安候、以上、

秀頼（豊臣）様御疱瘡被遊ニ付而、爲御見廻御使被成（爲成）爲御上候御状、則市正（片桐且元）懸　御目、懇申上候、早透度御本服候之条、御上之儀必御無用之旨候、諸大名衆も御見廻一切無用と被　仰候、上方一段靜ニ御座候、自然相應之御用候ハヽ、可被仰越候、猶期後音候、恐惶謹言、

片主膳正（片桐）

(慶長十三年)卯月廿二日　　定隆(貞)（花押1）

羽陸奥守(島津家久)様
貴報

二一三八　本多正信書状（折紙）

家久江戸屋敷ノ普請ヲ始ム
家久年頭祝儀ヲ家康ニ贈ル
家久禁裏造営材木ノ調達ヲ油断ナク申付ク
南蠻唐船ノ事ハ山口直友ヨリ家久ニ申入レラレタシ

尚以、當地(江戸)御普請付而、鎌田加賀守(政昌)殿被爲指下候、是又加賀守殿相談、萬事不可存疎意候、何も可然様ニ被仰入候、以上、

嶋津陸奥守(家久)様ゟ年頭之爲御祝儀、喜入攝津守(忠政)殿を以被仰上候通、遂披露候處ニ、御仕合能御座候間、其通可被仰達候、然者、禁裏(後陽成天皇)様御材木之儀無御油斷被仰付候由、攝津守殿御口上之通、是又申上候、南蛮唐船之儀者、先日駿府ゟ如申入候、弥其段、貴老ゟ可被仰入候、尚令(マヽ)爰元之様子、攝津守殿可爲御物語候間、不能具候、恐惶謹言、

(慶長十三年)五月二日　　本多佐渡守
正信（花押2）

山口駿河守様(直友)
御報

二一三九　本多正信副狀(折紙)

年頭祝儀受納ノ御內書發給サル
本多正信ヘモ贈ル

尚以、其已來不奉得貴意、乍恐、御床敷奉存候、以上、

當年之爲御祝義、御使者、殊御太刀一腰・御馬代金子貳枚幷ひりんす(緋綸子)十端、進上被成候趣、披露仕候処、被爲入御念候段、御祝着被　思召、御內書被遣候、隨而、私へ御太刀一腰・御馬一疋・繻子五端、送被下候、忝拜領」仕候、委曲喜入(忠政)攝津守殿可爲言上候間、不能詳候、恐惶謹言、

本多佐渡守

(慶長十三年)五月二日　正信(花押3)

(島津家久)羽柴陸奥守様
貴報

二二四〇　小林家孝書状（折紙）

豊臣秀頼一段ト息災
南都ノ諸白ヲ贈ラル

今春ハ秀忠ノ上洛ナシ

家久秀頼ノ疱瘡ヲ見舞ヒ毛氈丁子ヲ贈ル

片桐且元同貞隆ハ義弘以來疎意ナシ

猶々、　秀頼様一段御息災御座候条、御心易可被思召候、随而、雖乏少之至候、南都諸白一樽致進覧候、遠方故萬事無沙汰、迷惑仕候、猶追而可得御意候、

如尊書、當春之御慶奉存知、珍重候、將軍様（徳川秀忠）御入洛依無御座、御上御延引之由、尤存知候、秀頼様（豊臣）被成御疱瘡ニ付、追々、被差上御使札候、其趣、則市正（片桐且元）・主膳正（片桐貞隆）披露被申候、殊見事之毛氈并丁子御進上、公私御感不斜候、重畳被入御念、珍重存候、委曲従片桐兄弟被申入候、將亦、駿府・江戸相替儀無御座候条、是又被成御機遣間敷候、市正・主膳正事、惟新様（島津義弘）以來」別而不被存疎意候故、弥無油断心底と相見申候条、可被成其意候、次被寄思召、拙者式迄見事之繻子弐端拜受、誠ニ忝次第、可申上様無之候、委御使者任口上候条、不能懇筆候、恐惶謹言、

（慶長十三年）
五月三日　　小林民部少輔
家孝（花押4）

(島津家久)
羽奥州様
参尊報

家久端午ノ祝儀ヲ家康ニ贈ル

二一四一　本多正純書状（折紙）

以上、
(徳川家康)
大御所様へ爲端午之御祝儀、御帷子拾之内御單物七ツ、御進上被成候、如御目錄披露致候處ニ、御仕合共御座候条、御心安可思召候、御內書之儀、追而相調可進之候、恐々謹言、

本多上野介
(慶長十三年)
五月八日　　正純(花押5)
(家久)
嶋津陸奥守殿

二一四二　本多正純書状（折紙）

以上、

舊冬駿府城火事見舞ハ禁止サル
家久銀子千枚ヲ進上ス
家康百枚ヲ受納シ九百枚ヲ返戻ス
駿府城普請大形成ル

尊札致拜見候、仍旧冬駿府御城火事之儀付而、爲御見廻御下被成度思召候へ共、惣樣御見廻衆御法度之由候て、今度御同名又吉（島津常久）御下被成候、然而、銀子千枚御進上被成候、卽致披露候処、無大形も御仕合共殘所無御座候条、於樣子御心安可思召候、」左樣ニ候へ者、銀子之儀、態百枚御留被成、九百枚ハ御返被成候、是ハ御懇之御諚共候而、如此御座候、定其御心得被成、御機遣被成間敷候、委曲之段者、御使者可被仰候、將亦、此表珍敷御事も無御座候、爰元駿府御普請儀も大形出來致候、猶今以雖不申立及候、此方御用ゟも御座候者、不被存御心底可承、御疎意存間敷候、恐惶謹言、

本多上野介

（慶長十三年）五月十六日　正純（花押6）

嶋津陸奥守（家久）樣

二一四三　山口直友書狀（折紙）

山口直友ニモ銀子ヲ贈ル

年頭祝儀ニ島津常久ヲ上ス

常久ノ仕合殘所ナシ

家久喜入忠政ヲ江戸駿府へ下ス

猶申候、私へ銀子拾枚贈被下候、忝次弟共候、尚後音之時、可得御意候、已上、

爲年當（當年）之御祝儀、御同名又吉郎（島津常久）殿御指上せ被成候、則本上州（本多正純）申談、令披露候、別而御祝着之旨候、然ハ、銀子千枚御進上被成候、具令披露候、雖然、百枚御祝儀御留被成、殘九百御返進」被成候、則又吉郎殿へ相渡申候、將亦、爰許相替儀無御座候、御心易可被思召候、又吉殿御仕合殘所無御座候、猶又吉殿へ申入候間、可被仰上候、恐惶謹言、

山口駿河守

（慶長十三年）五月十七日　直友（花押7）

二一四四　山口直友書状（折紙）

以上、

爲當年之御祝儀、喜入攝津守（忠政）殿御差上被成候、我才よ里案内者相添、江戸・駿府へ攝津守殿御下候處、一段之御機嫌之由、本佐州（本多正信）ゟ被申上せ候、將亦、拙者

方へ爲御祝儀、御太刀一腰・御馬代銀子拾枚、贈被下候、」目出度候、於趣者、喜入攝津守殿へ申入候、猶後音之時可得貴意候、恐惶謹言、

山口駿河守

（慶長十三年）
五月十七日　直友（花押8）

（島津家久）
奥州様
参〔御カ〕報

二一四五　片桐且元書狀（折紙）

年頭祝儀ヲ豊臣秀頼ニ贈ル

追而、御太刀・御馬、從此方も爲御祝儀令進覽候、以上、

（豊臣）
秀頼樣へ改年之爲御祝儀、御太刀一腰・御馬幷小袖拾、被進之候、披露申候處ニ、遠方御念入申通、能ミ相御心得可令申旨候、隨而、私へ御太刀・御馬幷小袖三、被懸御意候、御懇切之段、別而忝存候、委曲御使者へ申達候、恐惶謹言、

片桐市正

（慶長十三年）
五月廿一日　　　　且元（花押9）
（島津家久）
羽柴陸奥守様
御報

二一四六　土井利勝書状（折紙）

年頭ノ祝儀ヲ土井利勝ニ贈ル

以上、

尊札拝見、忝奉存候、如被仰下候、當年之御慶目出度申納候、随而、爲御祝儀、御太刀一腰・御馬一疋幷繻子拾端被下置候、誠ニ遠路之儀、被爲入御念之段、過分至極ニ奉存候、委細者、御使者又吉殿（島津常久）迄申入候間、不能仰候、恐惶謹言、

土井大炊助
（慶長十三年）
五月廿五日　　　　利勝（花押10）
羽柴（島津家久）
陸奥守様
人々尊報

年頭祝儀トシテ秀忠ニ銀子百枚ヲ贈ル

家康近日駿府へ移徙

二二四七　本多正信書状(折紙)

尚以、遠路御使者被進候儀、御祝着被成候、委曲御使者可被仰上候条、不具候、以上、

當春之爲御祝儀、將軍様(徳川秀忠)へ御使者幷銀子百枚進上被成候趣、大久保相摸守(忠隣)相談、披露仕候處、遠路被爲入御念段、御祝着被思召、御内書被成候、然者、駿府大御所様(徳川家康)へ銀子千枚進上被成候、御仕合之様子、上野介(本多正純)方ゟ可得貴意候、近日駿府爲御移徙御傳〔手脱カ〕可仕候条、猶又上野介相談、被入御念候儀、」大御所様へ可申上候、随而、拙者へ、御太刀一腰・御馬代銀子十枚、送被下候、毎度御芳情之至、難申謝候、委曲爰許之様躰、嶋津常陸介殿可被仰上候条、不能一二候、恐惶謹言、

本多佐渡守

(慶長十三年)五月廿六日　正信(花押11)

羽柴陸奥守様(島津家久)

貴報

家久自ラ家康ノ駿府移徙ヲ見舞ハントス
家康家久ノ下向ヲ控ヘサス
指図ナクシテ下向ハ無用

二一四八　本多正純書状(折紙)

以上、

一書致啓上候、仍歳暮御服・端午之御帷子御進上被成候、何も致披露候処ニ、一段御仕合共御座候条、於様子者、御心易可思召候、則(被脱)　御黒印兩通相調進之候、然者、大御所様(徳川家康)駿府へ御移被成候付而、爲御見廻御下被成度由、懇ニ達　上聞候処ニ、是又一段之御機嫌共御座候、併御自身御下之儀者」御無用之由、　御諚ニ候、自然御用御座候者、自是御黒印可被遣旨、　御意候条、其御心得被成、無御左右以前ニ此方へ御下被成候儀、必御無用可被成候、若其内御自分之御用よ御座候者、以使者可被仰上候、其元緩ゝと被成御在国、御仕置よ可被仰付候、猶此表相應之御用ホ御座候者、可被仰付候、疎意存間敷候、何も追而可得御意候条、不能詳候、恐惶謹言、

(慶長十三年)五月十七日

本多上野介

正純(花押12)

（島津家久）羽柴陸奥守様
人々御中

豊臣秀頼ノ疱瘡平愈ス
秀忠秀頼ニ祝儀ヲ贈ル
贈進ノ物

二二四九　小林家孝書状（折紙）

先日以後え不得貴意候、（豊臣）秀頼様彌御本服被成、去月節句御廣間へ被成　出
御、各御目見被仕、何茂御盃頂戴候、夫より打續至今日被成　出御候条、御
心易可被思召候、
一、従　（徳川秀忠）將軍様、今度　秀頼様御本服爲御祝儀、（織田長益）有樂様御息津田（長政）円後守殿被着
候、去廿二日至大坂御着候、同廿三日被成　御對面候、従　將軍様被參候
物數之事、
一、御太刀一腰、
一、御馬貳疋之内、一ハ紫栗毛、一ハ青毛、
何も御くのふの御馬まて、見事成之由、各被申候、
一、御帷子百之内、單物五拾、

秀頼生母ヘノ祝儀

總女中ヘ銀子

駿府城普請作事見事ニ出來ス

一、銀子五百枚、
御上様へ、（豊臣秀頼生母、淺井氏）
一、銀子貳百枚、
一、越前綿參百把、
其外、御女中衆、銀子夫〻ニ被下之由候、
一、彼御使丹後守殿へ、御腰物・銀子百枚、従　秀頼様被下之候、
一、駿府・江戸相替儀無御座、各御息災之由、目出度御事、
一、駿府御普請御作事、一段見事出來候由、御沙汰之事、
一、爰許相替儀無御座候条、御心易可被思召候、恐惶謹言、
小林民部少輔
家孝（花押13）
（慶長十三年）
六月四日
（島津家久）
羽柴奥州様參
人〻御中

鎌田政昌江戸屋敷作事ヲ油断ナク申付ク
伊勢貞昌駿府江戸ヘ下リ家康ニ目見ス
山口直友伏見城ノ番ト丹波ニテノ御用ヲ仰付ケラル

二一五〇　山口直友書状（折紙）

以上、

江戸貴殿様御作事之儀付而、被成御差上候御使者、帰国候、於江戸御作事、鎌田加賀殿（政昌）無由断（油）被申付由候、然者、本佐州（本多正信）ゟ我等かたへの書状、為御披見進候、彼地之御作事、御使者御存候間、具ニ不及申候、将亦、伊兵ア殿（伊勢貞昌）、駿府・江戸へ御下之事候、去四日ニ大御所様（徳川家康）御目見へ之由、兵少ゟ被申」上由候、一段之御機嫌之由、被申越候間、御心安可被思召候、此度拙者案内者仕、可罷下と存候処、御城御番之儀、又丹波ニて御用共被　仰付候故、御機嫌難計存、兵少致談合、駒澤忠左衛門尉相添下申候、　御前之様子ニゟ、拙者可罷下通申合候、此段由断（油）不存候、御心安可被思召候、尚後音之節、得御意可申候、恐惶謹言、

（慶長十三年）
七月十日　　山口駿河守
　　　　　　直友（花押14）

奥州様（島津家久）

参人々御中

二一五一　山口直友書状（折紙）

幕府京極忠高家臣沖長門守ヲ薩摩ニ流ス
山口直友之ガ監送ノ沙汰ヲ仰付ケラル

以上、

急度令啓上候、仍京極若狭守（忠高）殿御内沖長門守と申仁、不被相居儀御座候付而、御国へ被進候、然者、拙者ゟ案内者相添可申旨被　仰出之由、本上州（本多正純）ゟ被仰越候、貴殿様へ上州ゟ之書状幷我ホかさへの書状をも相添、進上申候、被成御披見、其旨被仰付御尤存候、尚使者口上可得御意候、恐惶謹言、

（慶長十三年）七月十九日　山口駿河守
直友（花押15）

嶋奥州様（島津家久）

参人々御中

家久家康ニ唐船ノ著岸ヲ報ズ
家康家久ニ藥種ノ進上ヲ求ム
家康琉球ニ來貢ヲ促ス
返答ナクバ兵ヲ遣ハスベシ

二一五二　山口直友書状（折紙）

以上、
急度令啓上候、仍而、硫磺・蘭被成御進上候、本上州（本多正純）披露被申、則　御墨印貳
通持せ進上申候、然者、先度御国へ唐船着岸之由御注進之通、是又本上州披
露被申候處、一段之御機嫌之由、被申越候、然者、　御用之御藥種之書立、進
上申候、御取被成、早ゝ御上、御尤存候、御由（油）斷被成間敷候、就中、先度惟新（島津義弘）
ゟ爲御使本田助丞方被罷上候砌、琉球之儀申入候、至唯今琉球ゟ無音之仕合
候哉、「承」度存候、于今難澁申候者、御人數を可被渡旨、再三彼方へも被仰遣、
其上難澁候者、様子可被仰越候、披露可申候、先御人數を被催可被相渡御用
意、御尤存候、　上様（徳川家康）御礼申上候様ニ、御才覺専一存候、何も追而可得御意
候、將亦、我ホ事、明日六日駿府へ罷下候、先度ゟ以後着岸之唐船之御注進、
幸拙者罷下候間、御意之御入被成候段、具可申上候、御心易可被思召候、尚重
而可得貴意候、□（恐）惶謹言、

山口駿河守　□〔直友〕（花押16）

（慶長十三年）
九月五日
陸州（島津家久）
少將様
参人々御中

家久家康ヘ重陽ノ祝儀ヲ進上ス

二一五三　本多正純書状（折紙）

以上、

（徳川家康）
大御所様ゟ、為重陽之御祝儀、御服五之内、御染二・御綾一・御内戸嶋一・御しら一、被成御進上候、致披露候處、御仕合共御座候間、御心安可〔被脱カ〕思召候、　御内書之儀、重而相調可進候、恐々謹言、

本多上野介
（慶長十三年）
九月七日　正純（花押17）
嶋津陸奥守（家久）殿

家久重陽ノ祝儀ヲ贈ル

本多正信義弘ニ雁ヲ家久ニ菱喰ヲ贈ル

二一五四　本多正信書状（折紙）

爲重陽之御祝儀、呉服五ッ進上被成候趣、披露仕候処、遠路被入御念候段、御内書被遣候、随而、私へ御小袖三之内、染物弐ッ・薄板一、迸被下候、毎度御芳情之至、書中難申上候、將又、是式雖憚多候、此方ニ而ハ初ニ御座候間、惟新（島津義弘）様へ鴈一、并貴公」様へ菱喰一、進上仕候、尚、山口駿河守（直友）殿ゟ可被申達候、恐惶謹言、

（慶長十三年）
九月十五日　　本多佐渡守
　　　　　　　　正信（花押18）

（島津家久）
羽柴陸奥守様
　　人々御中

家久細川藤孝ニ緞子磨扇ヲ贈ル

二一五五　細川玄旨（藤孝）書状（折紙）

珍札令薫談、本懐之至候、殊緞子三端・唐扇二本贈給、御遼遠之所、御懇志不浅候、誠如芳意、良久不能向顔、旦暮御床敷候、先ゝ龍伯（島津義久）・惟新（島津義弘）御堅固由、珍重

藤孝家久ノ來春上洛時訪問ヲ期ス

存候、拙老も」御同前之躰候間、可御心易候、來春御上洛之剋者、必可被寄御船候、待存候、其節萬事可申伸候間、抛筆候、恐惶謹言、

（慶長十三年）
十月十八日　　　　（細川藤孝）幽齋
　　　　　　　　　　玄旨（花押19）

（島津家久）
羽柴陸奥守殿
　　御報

二一五六　片桐且元書狀（折紙）

家久片桐且元ニ琉球酒ヲ贈ル

且元父子駿府江戸ヘ參向ス

尚〻、自是以書狀成共可申上處ニ、遠路故、無沙汰申上候、御用之儀候者、被仰聞可被下候、以上、

先度者思召寄、預御懇札、殊琉球酒一壺、被懸御意候、別而忝賞翫仕候、仍、従九月初、駿府・江戸へ我等子共召連、御見廻申上候處ニ、（德川家康・同秀忠）兩　御所様非大形御懇切之御様子ニ而、御鷹・御腰物・御服・御馬、色〻父子（片桐孝利）共致拜領、去月罷上申候、東珍敷御沙汰無」御座候条、可御心易候、何よても上方相應御用候者、可

承候、旁追而可得御意候、恐惶謹言、

片（片桐）市正

（慶長十五年）十一月廿三日　且元（花押20）

（家久）嶋津陸奥守様　御報

家久秀忠ニ歳暮ノ祝儀ヲ贈ル

二二五七　本多正信書状（折紙）

以上、

為歳暮之御祝儀、（徳川秀忠）公方様へ呉服進上被成候趣、酒井雅楽頭（忠世）を以披露仕候処、遠路被為入御念候段、喜被思食、　御内書被遣候、次、拙者へ御小袖五内、さや（紗綾）・なんと・嶋（縞）・染物・熨斗目、被送下候、毎度御心付之段、書中難申」上候、委者爰元之様躰、御使者可被仰達候条、不能具候、恐惶謹言、

（慶長十三年）十二月廿九日　本多佐渡守

正信（花押21）

家康ニ緞子硫磺ヲ贈ル家康駿府へ帰ル

琉球出兵ノ事披露サル

山口直友家久ニ出兵ノ時期ヲ尋ヌ

再度上意ヲ得テ出兵スルガ良シ

家久伴天連ヲ召出ス

嶋津陸奥守様(家久)
　人々御中

二一五八　山口直友書状(續紙)

猶申上候、私へ段子(緞)五端、忝奉存候、猶來春萬吉可申上候、以上、

先度被成御上セ候御進物段子(緞)・硫磺之儀、關東より　還御被成候間、則使者被差下、本上州(本多正純)まて申越候処、則披露被申、御機嫌無残所由、被申越候、貴殿様へ本上州ゟ之御返狀・拙者ろさへの返狀、爲御披見進候事、

一、琉球へ之儀、御人數可被出旨、是又披露候へハ、尤之旨　御諚之通、被申越候、雖然、今一往得　御意可申候条、いつ比渡海可被成候哉、たしかなる御使者早々被成御上候者、今一往得　御意、様子可申入候、弥琉球へ御行可被成御用意被成、今一往被得(紙繼目)　上意、可及御行事専一存候間、重而御左右相待可申候事、

一、件天連被　召出、一段之仕合ニ御座候、拙者ろさへ件天連ゟ書狀候間、是

うら川へ呂宋船著岸
伴天連うら川ヨリ直友ヘ書狀ヲ差越ス
家久ヘノ異國渡海朱印狀
渡航先ハ柬埔寨トサル
家康所望ノ藥種調達ヲ今度著岸ノ唐人ヘ命ゼラレタシ

又進候、伴天連、うら川と申所へろそん（呂宋）ふね着岸ニ付而被罷越、彼地ゟ書狀
越候間、爲御披見進上申候事、
一、呉國へ之　御朱印之儀、相調、急度可被差上之由、本上州より被申越候、雖
然、御法度ニて、さいゆうとハ不被成之由候、かほちや（柬埔寨）へと可被遊之旨候、
いろゝ可在之候哉、こゝ又追而進上可申候事、
（紙繼目）
一、御所望之御藥種之書立、宗哲（片山）法印被承ニて仕（注）文參候間、進申候、無御由（油）斷、
今度着岸之唐人ニ御誂被成、相調候樣ニ、唐人へ可被仰付候事、專一奉存
候、猶御使者へ申入候、恐惶謹言、

山口駿河守
直友（花押22）

（慶長十三年）
十二月晦日
嶋津陸奥守（家久）樣
參人ゝ御中

〔御文書　家久公十三 二十五通　巻十八〕

二二五九　高野山文殊院賢定書状（折紙）

家久高野山ニ菩提所ノ建立ヲ命ズ
家久蓮金院ヲ菩提所ト定ム
賢定大佛再興ノ爲東山ニ居住ス

以上、

御書謹頂戴、忝奉存候、仍、於當山一宇御建立之儀、被仰出候故、成正院御登山候折節ニ候、關東下向故、御馳走不申上、背本意候、併蓮金院相調、珍重存候、彼院者、古來之名跡ニ候、目出度存候、舊冬以來、就大佛御再興、東山ニ居住仕候、委曲成正院可被仰上候、誠惶誠恐敬白、

文殊院
賢定（花押23）

（慶長十四年）
正月五日

進上（島津家久）
羽柴奥州様
人々御中尊報

家久江戸屋敷普請ニ念ヲ入ル

二一六〇　本多正信書状（折紙）

尚以、寄思召被仰下候儀、一入忝御事共ニ御座候、以上、

其以來者久不得貴意候處、示被下、忝拜見仕候、仍、此地御屋形御普請、被爲入御念被仰付之由候而、兩（徳川家康・同秀忠）御所様御機嫌能御座候キ、誠御造作共、申計無御座候、然者、爲御音信ら、爰元珎敷卷物「三ツ、送被下候、如尊書之、到來仕候、御芳情之至、書中ニ難申上候、猶御使者可爲言上候間、奉省略候、恐惶謹言、

本多佐渡守

（慶長十三年）二月十六日　正信（花押24）

嶋津陸奥守（家久）様
貴報

二一六一　山口直友書状（折紙）

尚ゝ、去年御上被成候御藥種、御悦喜思召候、只今申入候御藥種、御尋被成、御のみセ専一存

家久家康ニ薬種ヲ進上ス

家康更ニ薬種ノ進上ヲ求ム

一種二種ニテモ急ギ進上セルガ良シ

家久家康へ年頭祝儀ヲ

候、猶和甚兵(和久)へ可申候、以上、

追而申入候、仍、旧冬御のほせ被成候御薬種、披露仕候、一段御祝着思召候、然者、其以後御薬種二種書付、進上申候、唯今又注文、伊兵少(伊勢貞昌)まて進候、御尋被成、御進上可然存候、拙者ゟ可申入旨、　御諚候、」右之御薬種之中不足御座候共、一種二種成共、片時も御いそき被成、御のほせ御尤存候、猶伊兵少可被申上候、恐惶謹言、

山口駿河守

(年未詳)二月廿日　直友(花押25)

(島津家久)奥州様

参人々御中

二一六二　本多正純書状(折紙)

以上、

貴札致拝見候、仍、大御所様(徳川家康)へ年頭之御祝儀為可被仰上、以使者被仰上候、

贈ル

家久琉球ニ兵ヲ出ス
琉球ノ儀濟ム迄家久ノ上洛無用トサル

然者、御太刀一腰・御馬代金子壹枚幷段〔緞〕子五端、被成御進上候、則致披露候処、一段之御仕合残所無」御座候条、御心易可被思召候、委細之段者、御使者ゟ申渡候条、不能具候、恐惶謹言、

本多上野介
正純（花押26）

（年未詳）
卯月十七日

（島津家久）
羽柴陸奥守様
貴報

二一六三　山口直友書状（折紙）

猶々、琉球之儀、早々御注進、御尤存候、委細平大へ申談候間、可被申上候、以上、

先度以飛脚申入候、參着仕候哉、然者、琉球御動之儀ニ御座候間、先琉球之様子相聞申候まて、御上洛御無用之由、被　仰出候旨、本上州（本多正純）ゟ被申越候間、其御心得可被成候、琉球相濟申候者、御上洛被成、御尤奉存候、委細之」儀者、平田大炊助（宗知）殿申談候条、可被申上候、恐惶謹言、

（慶長十四年）
卯月廿二日

（山口）
山駿河守
直友（花押27）

薩州
少將様（島津家久）
參人〻御中

家久異國渡海ノ朱印狀ヲ欲ス

暹羅ヘノ朱印狀ヲ割當テラル

二一六四　山口直友書狀（折紙）

以上、

追而申上候、異國へ之　御朱印之儀、被仰越候、何も御朱印御取候て、ふさがり申候間、志やむろ（暹羅）へのを可被進之由候て様子被仰越候条、圓光寺（閑室元佶）へ申候て、志やむろへの御朱印相調、進上申候、本上州（本多正純）らも、此由可申入之由、被申越候、猶平田大炊殿（宗知）へ申談候間、可被申上候、恐惶謹言、

（慶長十四年カ）
卯月廿二日

（山口）
山駿河守
直友（花押28）

片桐且元家久ヨリ贈ラルル硫黄ヲ豊臣秀頼ニ上ル

琉球出兵ニヨリ家久ノ名聲上方ニテ噂サル

家康秀忠息災

薩州
少將様（島津家久）
參人ゝ御中

二一六五　片桐且元書狀（折紙）

已上、

三月十五日之御札、五月八日上着、拜見申候、先以遠路思召寄示預、殊硫黄三百斤被下候、何寄重寶之ニ御座候間、則秀頼（豊臣）様御用ニ上申候、

一、當春者、自早ゝ琉球へ御人數被遣由、乍御太儀、御名譽之旨、於上方ニ取ゝ御噂申出迄候、定而無異儀、御勝手ニ可罷成と存候、慥之御吉左右」承申度候、

一、大御所様（徳川家康）・將軍様（徳川秀忠）、御息災ニ　御機嫌能御座候、御家老衆御無事ニ候、京・伏見・大坂、是又無何事候条、可御心安候、此地似相式御用候者、可承候、旁追而可申述候、恐惶謹言、

片桐市正
且元（花押29）
（慶長十四年）
五月八日
（島津家久）
羽柴陸奥守様
御報

家久當年ハ琉球出兵ノ爲在國ス

二一六六　細川玄旨藤孝書狀（折紙）

爲御音信芳札、殊三巻贈給候、御懇意之段、過當至極候、如御書中、當年於御上洛者、此邊へ内〻被寄船候らと相待候處、琉球へ就被相渡人數、御在國之由、尤候、」早〻被屬御理運、御上洛之刻者、必待入候、旁期後音之時候間、不詳候、恐惶謹言、

（慶長十四年）
五月廿一日
（細川藤孝）
幽齋
玄旨（花押30）

（島津家久）
羽柴陸［奥守様］
御報

家久ノ軍勢琉球ヘ渡リ首里城ヲ取巻ク
琉球國ノ王降服ス
王ヲ捕ヘ歸國ス

二一六七　寺澤廣忠廣高書狀（折紙）

去四日之御狀、致拜見候、琉球被差渡候衆、四月朔日、彼国之王（尚寧）居城へ被取懸、及一戰、卽時切崩、王居城被取卷候處ニ、御侘言仕付而、王・諸官人召つれ、兵船壹艘も不殘歸国之旨、早ゝ被仰聞候、寔以、御威光と申、各渡海之衆手柄之儀、可申樣無御座候、於爰元、我ホ壱人之樣ニ、大慶奉存候、」何茂以使者可得御意候間、不能一二候、恐惶謹言、

（寺澤）寺志广守

（慶長十四年）六月十一日　廣忠（花押31）

（島津家久）羽陸奥守樣
御報

二一六八　立花俊正宗茂書狀（折紙）

猶以、寺澤志广守（廣忠）此地被罷下、貴殿樣御噂而已申出候、其元樣子共委承、目出度存事候、以上、

立花宗茂家久ノ琉球出兵ノ首尾ヲ賀ス

〔琉球〕
流求屬御手候様子爲御注進、御飛脚被差上候条、乍便宜、捧愚札候、先ゝ流求之儀、輙御手ニ入候而、千秋萬歳存候、其以來者、遠路故、以書狀も不申入、無音、背本意存候、定當冬・來春之間者、爰元可被成御越候間、定遂拜顔、相積儀共可申上候、久不懸御目、乍恐、御床敷存計候、猶奉期後音之節、不能詳候、恐惶謹言、

立花左近將監
俊正（花押32）

（慶長十四年）
七月七日

（島津家久）
薩广少將様
人ゝ御中

家久蓮金院造營ノ爲寄附ス

蓮金院ノ造營成ル

家久ノ琉球出兵首尾ヲ

二一六九　高野山青巖寺政遍書狀（折紙）

追而、蓮金院御寄附之記、切〔ゝ脱カ〕到來、則御請申上候、以上、

依幸便、一封令啓上候、仍、蓮金院造畢、奇麗無類候、成正院被抽御精、不日成立、滿寺之所感不淺候、御上洛之次於御高覽者、可爲本望候、將亦、琉球早速

賀ス

家久政遍ト蓮金院住持職ノ契約ヲナス

御理運、兵革之御名譽、一天無其隱、」愚以大慶候、隨而、信讀之大般若之御札、令進上候、弥御武運長久之丹祈、不可存疎意候、恐惶謹言、

（慶長十三年）七月九日　　　青巖寺
　　　　　　　　　　　　法印政遍（花押33）

（島津家久）羽柴陸奥守殿
　　　　　参貴酬

二一七〇　高野山大樂院書狀（折紙）

已上、

尊書飛來、春復再三不知所謝候、抑、蓮金院御建立之事、末世無双之御意願早速御成就、併仏祖之感應歴然候、隨而、寸鐵尺木之用途、牛〔紫〕樓紺殿畫圖、成正院之御工巧、一山之稱美、唯此事ニ候、將亦、御住持職」之事、聖性院法印〔政遍〕ゟ御契約之段、門中各大望至極令存候、殊、如愚僧者、自若輩依奉酌下流、抃悦不淺候處、別而被加御意、無上端〔緞〕子壹端、被成施与候、雖過當之至候、任成正院

之御指南、忝令拜受候、恐惶謹言、

大樂院

（慶長十三年）
七月十一日 □（花押34）

（島津家久）
羽柴陸奥大守殿 參 尊答

二一七一 高野山善集院榮旻書狀（折紙）

家久ノ琉球出兵首尾ヲ賀ス

追而啓候、今度者、琉球国不移時剋屬幕下候由、天下無其隱候、篤信之威力、弥可爲御武運長久候、以上、

家久高野山ヘ蓮金院住持職選任ニツキ御記ヲ遣ハス

御芳墨幷（緞）段子壹端、忝令拜受候、然者、 就蓮金院御建立、成正院被成御登山、去年已來片時依無忽緒、若干御普請須臾造畢仕候、各寄（奇）特千萬令存候、隨而、御住持職之事、以法印政遍爲初祖、後代皆撰學問鑚仰之人、令相續之、永々可爲法席御記之旨、門中各忝令存候、殊、於愚老者、嶋津豐州（忠久カ）之御宿坊居住仕候上者、由緒旁以、蓮金院之儀、毛頭可存疎意樣子無之候、此才」段者、不

限拙老一代、至遺第末資、以遺記堅可申置候、巨細成正院可有演說候、恐惶謹言、

善集院

七月十五日　榮旻（花押35）

（島津家久）
羽柴陸奥守殿
尊酬

二一七二　高野山寶龜院朝印書狀（折紙）

蓮金院造營成ルヲ賀ス
家久祝儀ヲ寶龜院朝印ニ贈ル

已上、

尊翰拜受、忝存候、然者、爲蓮金院御造營、成正院御登山候、早速首尾相調申、靑巖寺法印（政遍）并門徒中、大慶不過之候、永ゝ可爲御繁栄存計候、隨而、段（緞）子壹端被贈下候、拙子式迄御懇情之段、不得所謝候、猶御使ゟ申上候、恐惶謹言、

（慶長十三年）
七月十六日

寶龜院
朝印（花押36）

島津家石舟ノ儀ヲ談ズ
島津家江戸屋敷作事濟ム

家康秀忠上洛ノ沙汰ナ

羽柴陸奥（島津家久）□□□（守様）

二一七三　本多正信書状（折紙）

尚以、嶋津殿御石舟之儀、此方よて申談候、以上、

嶋津陸奥守（家久）殿此方御屋形御作事ニ付而、田中伊豆守殿去年已來爰元ニ御逗留候て、萬被入御精無残所相調、只今御上之事候、御苦労被成候段、陸奥守殿へ御取成候て可被遣候、委曲田中殿」可被仰達候条、不能一二候、恐惶謹言、

（慶長十三年）七月廿六日　本多佐渡守

正信（花押37）

山口駿河守（直友）様
人々御中

二一七四　竹中隆重（重利）書状（折紙）

追而、先度時分者、御所様（徳川家康）ゟ将軍様（徳川秀忠）之御間ニ御一人御上洛と申候つる共、近日ハ御

シ

猪熊教利成敗仰付ケラレ出奔ス

竹中隆重家久ニ教利ヲ隠シ置カザル様申入ル福島正則ヨリモ申入アラム

公家衆ノ別紙書付

隆重在國

沙汰も無之由、せ（竹中重義）られらさゟ申越候、
幸便之条、一書申上候、然者、今度公家衆之内、猪熊（教利）曲事ニ付而、可被成御成敗旨被　仰出候處ニ、行方不知失申ニ付而、彼者相拘候在ゝ所ゝ国ゝ、何も堅御法度之儀候条、御拝領之御国ゝ左様之不知をの堅被仰觸、不隠置様ニ可被仰付儀、専一存候、此旨、急度申上候様ニと、駿府采女（竹中重義）らさゟ申越候、其段、安（福島正則）藝少將殿ゟも被仰遣候様ニと、是へも申越候、御使者可被遣之旨候間、如此申上候、公家衆之儀、別帋ニ「書付」進覽申候、隨而、春三月者預御音信、誠以忝奉存知候、拙子も江戸・駿府爲　御目見え罷下、仕合能去月罷上、于今在之儀候、於上方御用之儀共御座候者、可被仰下候、猶追ゝ可得貴意候、恐惶謹言、

竹中伊豆守

隆重（花押38）

八月十三日

羽柴陸奥守様（島津家久）
人ゝ御中

家久家康ニ重陽ノ祝儀ヲ進上ス

二一七五　本多正純書状（折紙）

以上、

大御所様（徳川家康）為重陽之御祝儀、御服五之内御染二・御綾一・御南戸嶋〔縞〕一・御のしめ

一、御進上被成候、致披露候処ニ、御仕合共ニ御座候条、御心易可思召候、御

内書之儀者、重而相調可進候、恐々謹言、

本多上野介

九月八日　　正純（花押39）

嶋津陸奥守（家久）殿

家久ノ江戸屋敷作事ノ事ヲ江戸ヘ申入ル

二一七六　山口直友書状（折紙）

以上、

追而申上候、仍而、貴殿様、江戸之御屋形御作事就被仰付、田中伊豆方被罷

下、一段御普請ニ情入、早速相済申之由、拙者ゟ能々可申入通、本多佐渡守（正信）方

〻被申越候、則、佐渡書狀、爲御披見、進之候、猶、追而可得貴意候、恐惶謹言、

（山口）
山駿河守

十月十日　直友（花押40）

（島津家久）
奥州様
參人〻御中

二一七七　飛鳥井雅庸書狀（折紙）

飛鳥井雅庸ノ親類松木宗信薩摩ヘ配流サル
雅庸息ノ飛鳥井雅賢ハ隱岐國ヘ配流
同難波宗勝ハ駿府ヘ召寄セラル

以上、

先度捧愚札候、仍、（宗信）松木其御國〻下向之由候、拙者親類之儀候間、於被加御詞者、可爲恐悅候、萬事奉賴候、（飛鳥井雅賢）少將者隱岐國、（宗勝）難波者駿府〻可罷下旨、被仰出候、不慮之仕合、外聞迷惑不及是非候、猶追而可申入候、恐〻謹言、

（慶長十四年）
霜月七日　（飛鳥井）雅庸

（島津家久）
陸奥守様
人〻御中

來春名古屋城普請
家久ハ石垣普請トナラム

山口直友家久ニ名古屋

二一七八　本多正純書狀（折紙）

以上、

一書令啓上候、仍、來春尾州之内於名護〔古〕屋、御城取御座候、就其、北国・九州衆へ可被　仰出旨御座候、左樣ニ御座候へハ、御普請之儀ハ、石垣可爲御普請候間、其御心得可被成候、日限之儀者、重而可申入候、猶御普請之樣子、御普請奉行衆ゟ可被申入候間、不能具候、恐々謹言、

本多上野介
正純（花押41）

（慶長十四年）
極月二日

（家久）
嶋津陸奥守殿
參

二一七九　山口直友書狀（折紙）

以上、

急度令啓上候、先日も內々申上候尾張御普請之儀、拙者ゟ、御觸狀當地之衆

城普請ノ觸状ヲ屆ク

迄可相屆之由候間、進之申候、御用意御油斷ふく被仰付、御尤存候、猶追而可得御意候、恐惶謹言、

（慶長十四年）
十二月十三日　　山口駿河守
直友（花押42）

（島津家久）
奥州様
參人ゝ御中

家久來春江戸參向

家久琉球ヲ拜領ス

家康機嫌良シ

二一八〇　清水光直書状（折紙）

猶ゝ、來春御下向之刻、万ゝ可得御意候、

貴札拜見、殊段子（緞）三卷拜領、忝奉存候、就中、琉球國被屬御理運、千秋万歳目出候、御手柄之段、於此地其隱無御座候、將又、琉球御拜領、剰當年無御下向、爲御礼、御使者被成御下候、卽、本上州（本多正純）御披露之處、御所様（徳川家康）一段御機嫌能御座候、定而御滿足可被思召候、万ゝ此表様子、町勝兵衞（町田久幸）可被申上候、恐惶謹言、

家久來春駿府竝ニ江戸ヘ参向ス

福島正則御前ノ仕合良シ

家康正則ニ先年ノ忠節ヲ忘レズト直ニ談ズ

正則江戸ニテ越年ス

（慶長十四年）
極月廿四日　　　清水平左衛門尉
　　　　　　　　　光直（花押43）

（島津家久）
薩摩少將様
　　尊報

二一八一　福島正則書状（折紙）

九月廿三日之御懇書、忝致拝見候、先以其表御無事之由承、目出度存候、來春ハ駿府・江戸、爲　御目見可被成御上之旨、乍御太儀、御尤存候、此地相易義も無御座候、將又、拙者事、兩（徳川家康・同秀忠）　御所様御前、一段と仕合之儀共ニ御座候、去月　大御所様（徳川家康）御鷹場より、御鷹之靏致拝領候、殊、去朔日ニ　大御所様致御目見候処、「御機嫌能」御座候て、我才先年之忠節、于今不被成　御忘と、御直ニ被　仰出、様ゝ御懇之　御意共ニて御座候、其上、御晦被下候、本佐渡守（本多正信）殿・同上野介（本多正純）殿、色ゝ御取成よて御座候、年内者余日無御座ニ付て、御年頭申上、可罷上覚悟ニ御座候、何も国元より可得御意候、恐惶謹言、

福嶋左衞門大夫
正則（花押44）
十二月廿五日
嶋津陸奥守様（家久）
御報

二一八二　本多正信書状（折紙）

島津久敏ニ替ハリ北郷忠能人質トシテ江戸ヘ下ル
久敏賜暇サル
秀忠家久ヲ懐シク思フ
秀忠家久ノ江戸屋敷普請ノ苦勞ヲ慰フ

以上、
嶋津菊袈裟殿（久敏）爲御替、北郷讃岐守殿（忠能）御越候間、其趣披露仕候處、遠路御造作御苦勞之由被思召、　御前之御仕合殘所無御座候而、則菊袈裟殿へ御暇被進、只今歸路被成候、爰元之様躰、委曲宿老中可被申上候、將又、貴公御事御ふつろしき由、」將軍様（徳川秀忠）節ゝ被　仰出候、兼又、此地御屋敷御普請以下、如何ニも丈夫ニ被仰付候儀、御造作御苦勞共之由　御諚被成、彼是以御懇成御事、書中ニ難申盡候、何ぞ面拜ニ、積御事可奉得貴意候条、不能一二ニ候、恐惶謹言、

本多佐渡守
正信（花押45）
（慶長十四年）
十二月廿六日
（島津家久）
羽柴陸奥守様
貴報

〔御文書　家久公十四　二十三通　巻十九〕

二一八三　山口直友書状（折紙）

島津家ノ人質島津久敏歸國ヲ許サル

以上、

改年之御慶、珍重奉存候、仍、（徳川家康・同秀忠）兩御所様御機嫌能被成御座候、御心易可被思召候、然者、（島津久敏）菊袈裟殿爲御替、北郷（忠能）讃岐殿御上付而、菊袈裟殿歸国之儀候、長〻一段神妙ニ在江戸被成候とて、我才かさへ、（本多正信）本佐州懇之様子」被申越候、尚奉期後音之時候、恐惶謹言、

山口駿河守

（慶長十五年）二月二日　直友（花押46）

（島津家久）陸奥守様

參人〻御中

二一八四　山口直友書状（折紙）

島津久敏歸國ヲ仰出サルルモ念ノ爲江戸ニ留マル

久敏山口直友ノ申入ニ従ヒ歸國ノ途ニ就ク

以上、

其以來不得御意候、仍、御同又四郎殿（島津久信）御息之儀、（島津久敏）龍伯樣（島津義久）ゟ御理候通、本上州（本多正純）を以申上候処、可有御歸國之由被　仰出候間、早ゝ御下被成可然通申入候処、爲御念、于今御逗留之事候キ、雖然、　御諚之儀候条、御歸國尤之由申入、唯今」御歸國之事候間、龍伯樣御滿足、奉察存候、猶、御同又四郎殿迄申入候条、可被　仰入候、恐惶謹言、

山口駿河守

（慶長十五年）閏二月三日　直友（花押47）

（島津家久）嶋奥州樣
參人ゝ御中

家久家康ヘ年頭祝儀ヲ

二一八五　本多正純奉書（折紙）

以上、

（德川家康）大御所樣へ爲年頭御祝儀、御太刀一腰・御馬代金子弐枚并段子（緞）廿端、御進上

被成候、即致披露候処、御仕合共御座候間、御心安可思召候、猶期來音之節、不能詳候、恐ゝ謹言、

(慶長十五年)
卯月十二日　本多上野介
正純(花押48)
(家久)
嶋津陸奥守殿

進上ス

二一八六　本多正純書状(折紙)

敷祢立頼北郷久加ニ替ハリ人質トシテ江戸へ下ル久加薩摩へ歸國ス

猶ゝ、千世鶴殿、江戸ニ御在府中何事無御座、御下被成候間、御心安可思召候、以上、

一書致啓上候、仍、北郷加賀守殿(三久)御息千世鶴殿(北郷久加)、爲御質人江戸ニ御談被成候之処ニ、其爲御替、敷祢中務少輔殿(立頼)御下被成候付而、千世鶴殿、此度其地へ被成御下候条、御心易可思食候、猶、爰許相替儀無御座候、何も此表相應之御用ホ」御座候者、可被仰付候、不可存疎意候、恐惶謹言、

本多上野介

（慶長十五年）
五月十四日　　　　正純（花押49）

（島津家久）
羽柴陸奥守様
□〔人々〕御中

北郷久加江戸出立ノ際秀忠ニ召出サル

二一八七　山口直友書状（折紙）

以上、

今度、北郷（久加）千代鶴殿爲御替、敷祢（立頼）中務殿就御越、千代鶴殿御歸国、珍重存候、江戸御立之砌者、將軍様（徳川秀忠）被　召出、御仕合無残所由、本佐州（本多正信）ゟ被申上候、於様子ハ、御心易可被思召候、猶御上洛之節、可得御意候、恐惶謹言、

（慶長十五年）
六月朔日　　　　直友（花押50）

（山口）
山駿河守

（島津家久）
奥州様
参人々御中

家久上洛ス

龜山城ノ普請出來シ藤堂高虎駿府へ下向ス

家久高虎へ物ヲ贈ル

本多正信ニ寸白ノ藥ヲ贈ル

家久薩摩ニ著岸セル奥

二一八八　藤堂高虎書状（續紙）

□□年者別得御意候、然者、早〻御上洛、珍重存候、如御書中、爰元御普請各申談候、不存油斷候、漸出來候間、頓駿府へ可罷下候条、御逗留中以面談相積儀可得貴意候、尤、其元御見廻雖可申上候、御普請半之故、無其儀御座候、（紙継目）次、御太刀一腰・御馬一疋幷段子（緞）拾巻、被懸御意候、忝存候、猶御使者へ申達候間、可被得御意候、恐惶謹言、

（慶長十五年）六月廿五日　藤堂和泉守（高虎）（花押51）

（印1）

二一八九　本多正信書状（折紙）

尚以、先日者すそくおさへ致進上候処ニ、御祝着之旨、餘御慇懃之至ニ御座候、以上、

從奥南蛮（ゴア）、大御所様（徳川家康）・將軍様（徳川秀忠）使者進上之處、其御国へ着船ニ付而、兩使被

南蠻ノ使者ヲ江戸ヘ送屆ク家久秀忠ヘ玉ノ燈籠等ヲ進上ス家久正信ヘ白砂糖ヲ贈ル

指添候趣、披露仕候処ニ、被爲入御念候儀、御祝着被　思召候、然者、将軍様
ゟ玉之燈籠幷書物進上被成候、是又、如御書中之、一〻披露仕候処ニ、何も此
方珎物」まて、彼是以一入悦被　思食、　御内書被遣候、随而、拙者へ白砂糖
百斤入壹桶、送被下候、遠路御心付之段、書中ニ難申謝候、委曲爰元之様躰、
御使者可被仰上候条、奉省略候、恐惶謹言、

本多佐渡守
正信（花押52）

（慶長十六年）七月九日

（島津家久）羽柴陸奥守様
御報

薩摩著岸ノごはヨリノ使者家康秀忠ニ目見シ歸國ス

二一九〇　本多正純書狀（折紙）

以上、

貴札致拜見候、仍、今度ごはん（ドン＝ヌーノ＝ソトマヨール）之使者船、至薩广着岸付而、爲案內者、兩人被
指添、御下被成候、致披露候處、右南蛮人、今月朔日大御所（徳川家康）様御礼被申上、御

仕合能御座候、然者、　(徳川秀忠)將軍樣へ御礼爲可被申上、江戸へ被罷下、於彼地も」御仕合能候而、早ゝ歸国被申候条、御心安可思召候、猶、其元ゟ御兩使之儀も、南蛮人同道候而、江戸へ被罷下候、委細之儀ハ、兩人之御使者可被申上候間、不能詳候、恐惶謹言、

本多上野介

(慶長十六年)七月十六日　正純（花押53）

(家久)嶋津陸奥守樣

ごはヨリノ使者ヘノ家久ノ申付惡シト家康ノ耳ニ立ツ家康機嫌惡シ後藤光次取成ス

二一九一　山口直友書状（折紙）

以上、

別帋ニ申入候、仍、今度南蛮人罷上候處、何ゟ注進申候や、貴殿樣惡被仰付候樣ニ被　聞召、御機嫌惡御座候て、我ホ式事まても、右之通御座候処、(後藤光次)後庄三郎方御取成、在樣ニ被申上、御機嫌ふおり申候、左樣之御礼狀被遊、我

光次へ禮状ヲ書カレタシ

すろとまて可被下候、後庄三へ相届可申候、於趣者、口上ニ申含候、恐惶謹言、

（慶長十六年）
七月十九日　　　　山口駿河守
　　　　　　　　　　直友（花押54）

（島津家久）
嶋奥州様
　參人ゝ御中

家久中山王尚寧ヲ同道シ駿府江戸へ參向ス

家久寺澤廣高へ銀ヲ贈リ名古屋城手傳普請ヲ見廻フ

二一九二　寺澤廣高書状（折紙）

御使札拜見申候、今度駿府・江戸、爲御礼被成御參候、殊ニ、琉球王（尚寧）被成御同心之旨、誠以御尤之儀ニ候、就其、爰元山田民部殿（有樂）爲御使者被仰付、銀子弐拾枚被下候、誠以忝存候、當城（名古屋城）御普請之義、手前」うけ取分、過半仕寄申候間、御氣遣被成問敷候、猶、從是可得御意候、恐惶謹言、

（慶長十五年）
七月廿四日　　　　寺（寺澤）志摩守
　　　　　　　　　　廣高（花押55）

（島津家久）
羽陸奥守様
　御報

二一九三　本多正信書状（折紙）

家久駿府ヲ發チ江戸ニ著ス

尚以、長〻路次中、御造作御苦勞、書中ニ回申上候、以上、

尊書之趣、夜前奉拝見候、然者、駿府中ニ而之被明御隙、今日當地（江戸）へ御着可被成之旨、如被仰下候、尤面拝ニ可奉得御意候条、早〻御請申上候、恐惶謹言、

　　　　本多佐渡守

（慶長十五年）
八月廿五日　　　正信（花押56）

（家久）
嶋津陸奥守様
　貴報

二一九四　本多正純書状（折紙）

中山王尚寧舎弟具志頭

以上、

貴札致拝見候、仍、琉球王（尚寧）御舎弟具志上（具志頭朝盛）御遠行ニ付而、御葬送之儀、結講（構）之執

朝盛歿ス

行御座候て、御満足思召之段、存其旨候、然者、彦坂九兵衞（光正）被入情〔精〕付而、以御札被仰入候、卽御狀相届ヶ申候処、御返事被申上候、委曲期後音之節」条、不能一二候、恐惶謹言、

本多上野介

正純（花押57）

（慶長十五年）九月三日

（家久）嶋津陸奥守様

二一九五　島津家久起請文前書案（竪紙）

本多正純ト申談ジ家康秀忠ニ別心ナク奉公ス

表裏アルマジ

逆意ノ計策ニ同心セズ

敬白　起請文之叓、

一、奉對（徳川家康・同秀忠）兩御所様、毛頭無別心可致御奉公候間、貴老（本多正純）へ向後申談、可抽忠節候叓、

一、ぬきて表裡有之間敷候事、

一、企逆意者有之而雖致計策、曾以同心申ましく候、就其、申來旨少茂不隱置、

家久身上ニ悪シキ取沙汰アラバ聞カサレタシ義久義弘モ同然

家久ニ少シモ疎意ナシ

家久ノ身上ニ悪シキ沙汰アラバ馳走スベシ

何事モ申談ジ指圖ナキ者ヘハ密事ヲ漏サズ

可申通候叓、
一、我ホ於身上、若あしき取沙汰可有之時者、ありのまゝ可被仰聞候叓、
一、龍伯(島津義久)・惟新(島津義弘)儀も、右之趣同前たるへき旨、連ゝ申合候叓、
右條ゝ、若僞於申者、

二一九六　本多正純起請文(續紙)

敬白　起請文前書之事
一、對兩(徳川家康・同秀忠)御所様、毛頭無御別心、無二御忠節之旨被思召ニ付而、向後我ホニ深可被　仰合之段、奉存其意候、勿論、於拙者、少疎意ニ存間敷事、
一、貴様於御身上、若悪キ御沙汰も御座候者、不殘心底、何様ニも御馳走可申上事、
一、於何事も被　仰聞、御隱密之儀、御指圖無之ろさへハ、一言ももらし申間敷事、

表裏アルマジ

本多正信トモ申合ハス

一、於何邊も、心底ニ表裡存間敷事、
一、本佐渡守(本多正信)ニも、右之通、我才連ゝ可申合事、
右条ゝ於偽申者、
「(別紙)上者梵天帝尺・四大天王、惣而日本国六十餘州大小神祇、別而八幡大菩薩・愛宕大權現・天滿大自在天神・伊豆箱根權現・三嶋大明神・駿河鎮守・南無淺間大井、各神罰冥罰可罷蒙者也、仍起請文狀如件、

本多上野介

慶長十五年戊九月廿五日　正純(花押58、血判1)

嶋津陸奥守(家久)様」　○熊野那智牛王寶印ノ裏ニ記ス、

二一九七　本多正純書狀(折紙)

以上、

貴翰拝閲、過當至奉存候、如御帋面之、今度於江戸、思召儘之御仕合共御座候

家久歸國ノ際木曾路ヲ通ル

家久本多正純ニ薩摩ニテ製造ノ鐵砲ヲ贈ル

而、御滿足思召段、被仰下候、尤、於我ホ、珍重奉存候、然而、此度就御歸国、木曾通御上被成候由、奉得其旨候、併、先度爰元於駿府御逗留中、致何角悠ゝ与も不得御意、今以御残多次第、書狀難申上候、雖不替申事候、此表相應之御用ホ御座候者、不残御心、可被仰下候、毛頭疎意存間敷候、將亦、爲御音信、於薩广御えらせ被成之由候而、御念を入ゝる御鉄炮廿挺、被送下候、誠遠路御座候処、御懇切之通、忝次第御座候、猶、此ホ之趣、伊勢兵ア少輔（貞昌）可被申上候間、不能詳候、恐惶謹言、

（慶長十五年）九月廿九日　　本多上野介

正純（花押59）

嶋津□　□報

二一九八　本多正純書狀（折紙）

以上、

家久本多正純ニ鷹目硫礦ヲ贈ル
正純モ家久ニ判之蠟燭ヲ贈ル

追而、爲御音信、鷹目硫礦百斤、送被下候、誠以遠路と申、忝次第、難申謝奉存候、然而、是式御座候得共、判之蠟燭五百挺、致進覽候、書中之驗迄ニ御座候、猶、令期後音之時候、恐惶謹言、

本多上野介

(慶長十五年)
九月廿九日　正純（花押60）

(家久)
嶋津陸奥守様
尊報

二一九九　花山院定熙書狀（折紙）

家久上洛ス

以上、

御上洛之由候間、參候て可申入候へ共、御透茂不存候条、先と一書令啓候、今度於江戸・駿府御仕合之段、珍重ニ存候、如何樣御逗留中參、可申述候、恐と謹言、

(花山院)
花山大納言

（慶長十五年）十月十七日

（島津家久）羽柴陸奥守殿 參

定熙

二二〇〇 大炊御門經頼書狀（折紙）

大炊御門經頼家久ニ薩摩へ配流サル息頼國ノ事ヲ頼ム

猶々、（大炊御門頼國）三位中將儀、万端可然樣ニ奉頼存候、以上、

今度、駿府・江戸ゟ御下向、御仕合之段及承、珍重ニ存候、就其、御上洛早々御見廻可申候へ共、御透茂不存候間無音、所存之外ニ存候、何も以參和可申入候、恐々謹言、

（慶長十五年）十月十七日

（大炊御門）大炊大納言

經頼（花押61）

（島津家久）羽柴奥州樣

人々御中

二二〇一 飛鳥井雅庸免許狀（竪紙）

家久飛鳥井家ヨリ無紋紫革ノ韈ヲ免サル

蹴鞠爲門才〔弟〕、無紋紫革之事、雖有子細之儀、別而御執心之上、兄第〔弟〕之契約申候
間、免之候、於淺思者、可被背神冥者也、恐々謹言、

（慶長十五年）
十月十九日　（飛鳥井）雅庸

（島津家久）
羽柴陸奥守殿

二二〇二　大炊御門經頼書狀（折紙）

家久大炊御門經頼ニ砂糖ヲ贈ル

猶々、御逗留中參、可得貴意候、以上、

昨日者、於（雅庸）飛鳥井宿所懸御目、本望之至存候、先以砂糖籠三、預御音信候、畏
入存候、參御礼可令申候へ共、却而御六ケ敷与存、一書如此候、恐々謹言、

（大炊御門）
大炊大納言

（慶長十五年）
十月廿四日　經頼（花押62）

（島津家久）
羽柴陸奥守殿
參

家久家康竝ニ秀忠ヘ蜜柑ヲ進上ス

家康秀忠御内書ヲ遣ハス

本多正信ヘモ贈ル

二二〇三　本多正信書状（折紙）

尚以、爰元之様躰、御使者可被仰上候、以上、

如尊書之、先度者御使者御下向、於爰元、種〻申談御事ニ候、仍、御国之蜜柑進上被成候、山口駿河守（直友）ゟも、其段委被申越候条、大久保相模守（忠隣）・上野介（本多正純）相談、披露仕候処、遠路被入御念候儀御祝着之旨、御父子様（徳川家康・同秀忠）ゟ御内書被遣候、次、私へも」被下置候、如貴札到來、御芳情之至、難申上候、委曲御使者可爲言上候条、奉省略候、恐惶謹言、

本多佐渡守

（慶長十六年）正月五日　正信（花押63）

（島津家久）薩广少將様

貴報

二二〇四　江戸幕府年寄連署奉書（折紙）

以上、

薩摩領内ニ唐船著岸ス
幕府ノ仰出アル故領内ニテ商賣ス
家久唐船ノ荷物ト唐人ノ員數ヲ書上ゲ届ク
ごはヨリノ使船ハ歸帆ス

去十月廿八日貴札、致拜見候、隨而、御領内へ唐船一艘着岸之由、承候、然者、
近年者長崎へ被成御迗居候得共、今度仰出ニ付而、於御國ニ商賣被仰付候由、
尤ニ存候、荷物幷唐人之員數、別帋ニ示預候、則、披露仕候處ニ、被入御念旨ニ
御座候、將亦、㝡前被仰上候南蛮船、歸帆仕候」由、得其意存知候、猶期後音之
時候、恐惶謹言、

（元和三年）正月十日

安藤對馬守
重信（花押64）

土井大炊助
利勝（花押65）

酒井備後守
忠利（花押66）

本多上野介
正純（花押67）

酒井雅樂頭
忠世（花押68）

嶋津陸奥守殿（家久）
貴報

二二〇五　琉球中山王尚寧書狀（竪紙）

中山王尚寧家久ニ薩摩滯在中ノ厚意ヲ謝ス

尚寧家久ニ華酒ヲ進上ス

去秒冬（十月）初廿三日御書、同十一月下旬到來、謹而拜閲、抑、貴國永ゝ致淹滯處、御情意之厚、于今遺失無之、殊更此地案堵（安）之条、千喜万悦、弥ゝ重ゝ、次、爲御音問、楮國三佰帖幷御茶壺壹箇拜受、厚恩重於泰山者也、隨而、雖輕少之至候、華酒貳壺、進上之、補鳳志計候、恐惶不宣、

端月十一蓂（慶長十六年正月）　中山王（尚寧）（花押69）

羽林家久公（島津）

家久ノ當年参府ハ無用ト仰出サル

二二〇六　本多正純書状（折紙）

以上、

貴札致拜見候、仍、御礼爲可被仰上、當年此地御下向可被成と思召之旨、中上候処ニ、當年者御下御無用之由被　仰出、其元緩〻与御在國可被成旨、一段御懇之　御意共御座候間、御心安可思召候、誠御弥重ニ可思食と、奉察存候、恐〻謹言、

本多上野介

（慶長十六年）二月廿一日　正純（花押70）

嶋津陸奥守殿（家久）

家久家康ヘ鷹目硫磺ヲ進上ス
家久ニ當年ハ緩々ト在國セル様仰出サル

二二〇七　本多正純書状（折紙）

以上、

御札令拜見候、仍、大御所様（徳川家康）へ嶋津陸奥守（家久）殿ゟ、薩广之鷹目硫磺御進上被
成候、則致披露之処ニ、硫磺一段勝申之由　御意被成、無殘所御仕合共ニ御
座候間、御心易可思召候、將亦、陸奥守殿爲御礼、當年此地御下向可被成と思
召之由、申上候処ニ、「當年ハ御下」御無用之由、被　仰出、緩ゝ与御在國可被
成之旨、一段御懇之　御意共御座候間、其段可被仰入候、然而、此表相替儀無
御座候、此地相應之御用ホ御座候ハヽ、可蒙仰候、不可存疎意候、何も期來春之
節候、不能詳候、恐ゝ謹言、

（本多）
本上野介

（慶長十六年）
二月廿一□（日）　正純（花押71）

山口駿河守（直友）様
御報

家久ノ當年上洛ハ無用トサル

山口直友御禮ノ使者ヲ差上グル様指南ス

二二〇八　山口直友書状（折紙）

以上、

追而申入候、仍、本上州（本多正純）ゟ先度之御報、一昨日到來候間、進上申候、當年之御上洛御無用之旨、被　仰出之由、拙者より尚以可申入之由候間、上州書状、爲御披見進上申候、當年御在国、目出度御事共候、不及申候へ共、此ホ之爲御礼、急度御使者」御差上セ、御尤存候、先書ニも如申、先度御上セ被成候硫磺勝申、一段御仕合無殘所之由、本上州ゟ被申上由候、是又、御心易可被思召候、尚、重而萬嘉可申上候、恐惶謹言、

（慶長十六年）
三月八日山口駿河守

直友（花押72）

（島津家久）
嶋奥州様

參人々御中

竹心香

家康十七日ニ上洛シ廿三日ニ參內ス

後陽成天皇廿七日ニ讓位

家康來月十二日ノ新帝即位後ニ下國ノ豫定

二二〇九　竹中重則書狀（折紙）

猶、期後音之節、不能詳候、以上、

如被仰下、當春之御慶、雖事旧候、猶不可有盡期候、

一、竹心香三百本被下、忝奉存候、如御意珎物、一入過分至極奉存候、

一、大御所様（徳川家康）、去ル十七日ニ京都御上着被成、廿三日ニ御參內御座候而、一段御機嫌能、于今京都御逗留之御事候、

一、御ぢやうい（讓位）、來ル廿七日と申候、「　御即位、來月十二日と御沙汰ニ候、

其過候へヽ、　大御所様頓而可被成御下国と御意候、

一、先可申上を、去年駿府御下之刻へ、種ヽ御懇意之段、忝次第、不申足候、

一、今度者、貴公様御上洛無御座候而、不得御意、御殘多奉存候、此地拙子式ニ似相之御用御座候者、可蒙仰候、恐惶謹言、

竹中采女正

（慶長十六年）三月廿六日　　重則（花押73）

家康來月十五六日ニ京都ヲ發チ駿府ヘ下向カ

家康六日ニ駿府ヲ出立シ十七日ニ上洛ス
豐臣秀頼廿八日ニ上洛シ家康ト對面ス

（島津）家久様参
尊報人々御中

二三一〇　赤井尹勝忠泰書状（折紙）

尚々、爰元少も相替儀無御座候、未御在景〔京〕よて御さ候、來月十五六日ニ駿府へ御下向と申候、いろ〳〵可有御座候哉、將又、竹心香三百本被送下候、誠忝奉存候、何事も重而可申上候、以上、

尊書拜見、忝候、如貴意、去年者駿府へ被成御下、種々得御意、忝次第不淺候、無異儀御下國之由、珎重奉存候、此地相替義無御座候、　大御所様（徳川家康）、去六日ニ駿府を御立被成、同十七日、御上着被成候、」同廿三日、　御參内被成候、秀頼（豊臣）様、同廿八日ニ御上洛被成、　大御所様御對面被成、　御兩所様（家康・秀頼）、御機嫌不大形候、則、其日ニ大坂へ御下向被成候、何も目出度儀与申事候、尚期後音之時候、恐惶謹言、

赤井豐後守

（慶長十六年）三月廿日　　　　尹勝（花押74）

（島津）家久様
　　貴報

二二二　本多正純書状（折紙）

以上、

貴札致拝見候、仍而、今度就　御譲位、大御所様（徳川家康）去月十七日御入洛被成、同廿三日御参内被成候、弥御機嫌能御座候間、御心安可思召候、猶此表相替儀無御座候、然而、去年駿府御下被成、御仕合能、早速江戸へ御下候而、思召儘之御仕合共御座候而、御満足思召段、御尤存候、將亦、其元御下国之時分ハ、御順風無御座候而、漸及極月御下着被成由、海陸御苦労共奉」察候、何事無御座、御下国被成由、珎重存候、大御所様、近ゝ還御可有御座候条、於駿府相應之御用ホ御座候者、可蒙仰候、疎略存間敷候、何も追而可申上条、不能詳候、恐惶謹言、

後陽成天皇譲位ニツキ家康上洛参内ス

家久ノ無事帰國ヲ祝ス

家康近々京都ヲ出立ス

本多上野介
正純（花押75）

（慶長十六年）卯月十二日

嶋津陸奥守（家久）様
□□（貴報）

家久秀忠ニ年頭ノ使者ヲ遣ハス
家久青山成重ヘ高麗盆ヲ贈ル

二三二　青山成重書状（折紙）

以上、

一書言上仕候、將軍様（徳川秀忠）へ御年頭之爲御使者、高崎弥六殿被成御越候、卽、
本佐渡守（本多正信）・大相模守（大久保忠隣）被致披露候處ニ、珎重被　思食候、將亦、拙者方へ高麗盆
拾枚、被懸御意候、誠過分之至、可申上様も無之候、爰元相替儀も無」御座候、
貴様之屋敷ニも、何事無御座候、委曲中務殿（敷禰立頼）ゟ可被仰越候間、不能具候、恐惶
謹言、

青山圖書助

（慶長十六年）
卯月廿二日　　成重（花押76）

嶋津陸奥守様（陸奥）（家久）
貴報

家康等ト豊臣秀頼トノ贈答ノ注文ヲ送ル

秀頼上洛シ家康ト對面ス

上下萬民天下太平ヲ賀ス

二二一三　小林家孝書状（折紙）

尚ゝ、大御所様、秀頼様、右兵衞様、常陸様、互ニ被進之候注文、惟新様へ進之候条、可被成御披見候、

（徳川義知）（徳川頼將）（島津義弘）

一書申入候、去三月十七日、大御所様被成御入洛、同廿七日、秀頼様至淀被成御上、同廿八日、早ゝ被成御上京、御對面、種ゝ御入魂、殘所無御座、即刻至大坂、夜半時分被成御歸城、上下万民、天下太平目出度との申事ニ御座候様躰、可被成御推量候、委御事、各より可被申入候条、不能巨細候、恐惶謹言、

（徳川家康）（豊臣）

（慶長十六年）
卯月廿二日　　小林民部少輔
家孝（花押77）

羽柴陸奥守様（島津家久）
參人ゝ御中

義久殁ス
飛鳥井雅庸義久ト和歌會ノ機ヲ喪ヒ無念ニ思フ

家久家康上洛ニツキ使者ヲ差上ス
家康四月十八日ニ京都ヲ出立ス

二二一四　飛鳥井雅庸書状（折紙）

龍伯（島津義久）御遠行之由、不慮之儀、不及是非候、今一度得御意、和哥會興行大望之処ニ、無念之至候、則、以使者可申入と存候處ニ、休甫（津田）無用之由候而、無其儀候、承候而奉驚、」先捧愚翰候、恐々謹言、

（慶長十六年）卯月廿六日　雅庸（飛鳥井）

羽柴陸奥守（島津家久）様
人々御中

二二一五　山口直友書状（折紙）

以上、

今度大御所様（徳川家康）就御上洛、爲御音信、町田（勝）少兵衞（久幸）殿被成御差上由候、本上州（本多正純）申談、則令披露候、御機嫌殘所無御座候、御心易可被思召候、去十八日被成還御候、御在京中、御機嫌よく御座候、大坂ゟ秀頼（豊臣）様被成御上洛、目出度」

徳川頼將ノ能上達ス

大坂衆豊臣秀頼ノ出仕仕合良ク濟ミ歸城セルヲ目出度ガル

御事共候、就中、御能二日御座候、（徳川頼將）常陸様御能、去年御覧候ゟハ、尚以出來申候、（徳川家康）上様御満足、可被成御推量候、猶、御使者へ申入候間、在増申上候、恐惶謹言、

山口駿河守

（慶長十六年）五月二日　　直友（花押78）

（島津家久）嶋奥州様
参御報

二二二六　板倉勝重書狀（折紙）

尚ゝ、今度　上様御上洛付而、（豊臣）秀頼公御出仕被成、御仕合よく大坂へ御歸城被成、今更大坂衆も、目出度由被申候、別而可有御推量候、以上、

先度者預御懇書、具拜見仕候、殊更、御太刀御馬代幷盆貳束、被懸御意候、遠路御懇情之段、別而忝珎重奉存候、随而、（徳川家康）上様被成御上洛、　禁中御讓位、御即位、早速相濟、卯月十八日ニ駿府へ還　御被成候、御」在洛中　御機嫌

家久材木ノ調達ヲ仰付ケラルル故上洛セズ

能、上下大慶奉存候、將又、貴樣、今度御材木之儀被　仰付故、御上不被成事、先以目出度存候、御材木之樣子、定本上州(本多正純)ゟ、重而御左右可被申候、猶、御使者へ申入候条、可爲演說候、恐惶謹言、

板倉伊賀守

(慶長十六年)五月十六日　勝重(花押79)

(島津家久)嶋陸奥樣

御報

二二一七　山口直友書狀(折紙)

家久琉球ヨリ明國ヘノ通交ノ才覺ヲ命ゼラル

歸朝セル琉球使者ノ口上ヲ聞キ重ネテ通交ノ

以上、

一書令啓上候、爰許相替儀無御座候、上樣(徳川家康)御機嫌能、駿府被成御下着候、弥ゝ御息災之儀候、御心易可被思召候、先度御在京之砌も、琉球ゟ唐へ通用之儀、無御由(油)斷御才覚可被成旨、　御諚候キ、琉球王(尚寧)ゟ唐へ之御使者(池城安頼)、漸可爲」歸朝候条、其口上之趣被聞召届、唐へ重而樣子被仰渡、御尤存候、猶於趣

事ヲ仰渡サレタシ

ハ、御年寄衆迄申入候条、可被得御意候、將亦、小屏風一双、進上申候、表寸志計候、猶、口上ニ申含候、恐惶謹言、

山口駿河守
直友（花押80）

（慶長十六年）五月廿六日

（島津家久）奥州様
参人々御中

二二一八　山口直友書状（折紙）

家久家康ニ年頭祝儀ノ使者ヲ上ス

琉球酒

以上、

爲改年之御祝儀、御使者被成御上せ候、折節、御在京之砌にて、本上州（本多正純）申談、披露申候處、御仕合殘所無御座候、御心安可被思召候、將亦、我ゟさへ、爲御祝儀、」御太刀一腰・御馬一疋幷緞子五巻・琉球酒壹壺、送被下候、忝奉存候、尚、御使者申入候、恐惶謹言、

山口駿河守

（慶長十六年）
六月二日

直友（花押81）

（島津家久）
奥州様
参貴報

二二一九　山口直友書状（折紙）

山口直友琉球ノ珍シキ草花ノ進上ヲ促ス
枯レヌ様ニスベシ
本多正純ヘ返報ヲ送ラレタシ

以上、
急度令啓上候、仍、琉球ニ珎敷草花在之由、被爲　聞召候、然者、何ニても珎布草花御座候者、御上セ可被成候、於御座候ハヽ、不及申候へ共、遠路參事御座候条、かれ候ハぬやうに被成、御尤存候、右之通　御諚之由候て、（本多正純）本上州ゟ被申越候間、如此」申入候、則、本上州ゟ之書状、爲御披見進申候、必御報ニ可預示候、尚、追而可得御意候、恐惶謹言、

（慶長十六年）
八月十九日

（山口）
山駿河守
直友（花押82）

〔嶋津陸奥守様カ〕
御中

二二二〇　本多正純書狀（折紙）

家久家康ヘ重陽祝儀ヲ進上ス

以上、

（德川家康）
大御所樣ゟ、爲重陽御祝儀、御服被成御進上候、如御目錄、致披露候処、一段之御仕合御座候間、御心安可被思召候、御内書之儀、重而相調可進之候、恐ゝ謹言、

本多上野介

（慶長十六年）
九月十一日　　正純（花押83）

（島津家久）
羽柴陸奥守殿

二二二一　安藤重信書狀（折紙）

家久家康ヘ見舞ノ使者

尊書忝致拜見候、如仰、御歸國已來者、以書狀も不申上候、此表相替儀無御座、（德川家康）上樣御機嫌能被成御座候間、御滿足可被思召候、爲御見廻、御使者を以

ヲ送ル

琉球ハ往古ヨリ島津氏ノ附庸

豊臣秀吉ノ時諸役ヲ定メ置カル

諸役ヲ勤メザル故攻メ

被仰上候、則、　御前へ被召出、一段之御機嫌御座候、」殊、爲御音信、しゆちん（繻珍）拾巻、被懸御意候、誠以遠路被入御念候段、忝奉存候、委細、山田民部少輔（有榮）方可被申上候条、不能一二候、恐惶謹言、

安藤對馬守

（慶長十六年）九月十六日　重信（花押84）

嶋津陸奥守（家久）様
貴報

二二二二　琉球中山王尙寧起請文（竪紙）

敬白　天罰靈社起請文之叓

一、琉球之儀、自往古、爲　薩州島津氏之附庸、依之、　大守被讓其位之時者、嚴艤舩以　奉祝焉、或時々以使者・使僧、献陋邦之方物、其禮義終無怠矣、就中、　太閤秀吉（豊臣）公之御時、所被定置者、相附　薩州、徭役諸式可相勤旨、雖無其疑、遠國之故、不能相達、右之御法度多罪〻〻、因玆、球國被破

ラル

家久ヨリ諸島賜ハル厚恩ヲ謝ス

子々孫々迄厚恩ヲ忘レズ

家久ノ定ムル法度ニ違亂セズ

却、且復寄身於貴國上者、永山歸鄕之思、宛如鳥之在籠中、然處、家久公〔島津〕有御哀憐、匪啻遂歸鄕之志、割〔割〕諸島以錫〔賜〕我、其履、如此之御厚恩、何以可奉謝之哉、永々代々對薩州、令君毛頭不可存疎意𛀁、

一、到子ゝ孫ゝ、讓与此霊社起請文之草案、不可忘御厚恩之旨、可令相傳𛀁、

一、所被相定之御法度、曾以不可致違乱𛀁、

右條ゝ僞於有之者、

（別紙）

敬白天罸靈社上卷起請文事、

謹請、敬供再拜ゝゝ、夫惟、年號慶長十六年辛亥歳、月並十二箇月、日數者、三百五十餘箇日、撰吉日良辰而致信心請白、大施主等、謹奉勤請、掛忝、上者、梵天・帝釋・四大天王・豹尾・黄幡・歳德・釋迦・善逝・釋提・桓囙・奉宿却・四天・八天・十二天・廿大天・卅三天・十二神將・七千夜叉・廿八部衆・第六天魔王主・天地之卅六禽・百億須弥・百億梵天・百億鐵圍山・百億閻魔法王・諸天・百億天衆・百億天人・百億天女・百億童子・百億大力夜叉・百億惡鬼・百億天上・百億

閻浮提中・所顯現之大小神祇、上者有頂天、下者到金輪際、（紙繼目）佛神皆悉驚、白言堅牢・地神八海所接龍王・龍衆・十王十體・倶生神太山府君・司命司錄・冥官冥衆・有情無情・辰星・南斗北斗星・日曜星・破軍星・羅睺星・計都星・巨文星・七夕星・八葉星・本命星・四方四佛・五方五佛・大聖摩利支尊天・太白神・太歲神・八諸神・十二月將神・天葬神・地葬神・阿豆知神・天神・地神・海神・木神・火神・金神・水神・風神・諸佛・諸菩薩・諸善神・東方降三世明王・南方軍荼利夜叉明王・西方大威德明王・北方金剛夜叉明王・中央不動明王・大黑天・毘沙門天王・大辯財天女・宇賀神・十五童子・三寶荒神・多婆羅天王・武答天神・頗梨采女・（紙繼目）地毒氣神王・八王子・八萬四千六百五十餘神・金剛界七百餘尊・胎藏界五百餘尊・金剛藏王・晃虵帝主・大聖金剛童子・普天率土愛染明王・妙見菩薩、過去現在未來三世諸佛・一萬八千軍神・二萬八千軍神・三萬八千軍神・四萬八千軍神・五萬八千軍神・六萬八千軍神・七萬八千軍神・八萬八千軍神・九萬八千軍神・十萬八千軍・二千八百師天童子・一萬燈明佛・二萬燈明佛・三萬燈明佛・藥

師如來・寶生如來・无量壽佛・微妙身如來・文殊・普賢・觀音・勢至・十六善神・
八萬四千夜叉神、忝日域崇廟、天照皇太神宮四十末社・內宮・外宮・風宮・諸末
社・八幡大菩薩・（紙繼目◎）春日大明神・王城鎮守山王廿一社・根本中堂・本尊立塔・諸堂
諸坊之諸本尊・薩埵・祇園牛頭天王・松尾大明神・平野大明神・吉田立田贄田
大明神・大原大明神・稻荷大明神・賀茂下上大明神・貴布禰大明神・北野天滿
天神・三輪大明神・住吉大明神・卌番神・愛岩四所大權現・熊野三所大權現・十
二所權現・九十九所權現・廣田大明神・金峯山權現・吉備宮大明神・對馬大王・
羽黑山大權現・葛城大權現・峯之藏王權現・子守勝手大明神・梅宮大明神・法
華廿八品・三藏法師・鞍馬毘沙門天・吉祥天女・雨寶童子・關東守護神・伊豆箱（紙繼目）
根兩所權現・三嶋大明神・鹿嶋大明神・冨士大權現・白山妙理權現・立山大菩
薩・諏訪上下大明神・出雲大社大明神・多賀大明神・御靈八所大明神、殊者氏
神・捴者・大日本國中六十六箇國大社・二千小社・五百九十二所大小神祇等・
地藏并・陀羅尼菩薩・龍樹菩薩・虛空藏并・栴檀香菩薩・大病神・八萬四千鬼

神・大恩神・歳破神・夜氣・夜叉神・妙鬼神・六百五十餘神・金山六十萬鬼神・刀八・毘沙門天王、又、天狗太郎房・眷屬九億四萬三千四百九十餘神・善貳師童子・八所大明神・善害房・次郎房・八萬四千眷屬・飯繩大明神・四十四萬一千眷（紙繼目）屬・大天魔三萬三千・小天狗三萬三千眷屬・智羅天狗・十二八天狗等、日城中山ゝ峯ゝ嶽ゝ所居住之大天狗小天狗等、各作群集而、正路之旨照鑑給へ、若僞心於在之、立所受白癩黑癩之重病、八萬四千毛死、四十二之骨節、日ゝ夜ゝ苦病無止、深厚蒙御罸、弓矢冥賀未盡、佛神三寶、雖作祈願、不可叶於後也者、墮八寒阿鼻无間大地獄、（紙繼目）到未來永劫、不可有浮期者也、

仍、靈社上卷起請文如件、

中山王

慶長十六年辛亥菊月　尚寧（花押85）

進上　羽林家久（島津）公」　○熊野那智牛王寶印ノ裏ニ記ス、

（封紙ウハ書）
「靈社起請文　中山王」

家久家康へ唐物ノ今燒小壺ヲ進上ス本多正信へハ唐ノ硯箱ヲ贈ル

二二二三　本多正信書状（折紙）

尚以、御仕合殘所無御座候、委曲、山口駿河守（直友）殿可被得貴意候、以上、

今度其御國ニ着岸仕唐船ニ參候今燒之小壺二、進上被成候、則、達　上聞候處ニ、遠路被爲入御念之段、御祝着被　思召、御内書被進候、隨而、私へ唐之硯箱送被下候、爰元珎敷御座候而、別而自愛仕」御事候、猶、御使者可爲言上候条、不能詳候、恐惶謹言、

（慶長十六年）
十月十二日　　本多佐渡守
　　　　　　　　正信（花押86）

（島津家久）
羽柴陸奥守様
　　貴報

二二二四　本多正信書状（折紙）

尚以、右之様子、能ゝ薩广へ可被仰入候、以上、

家康家久ノ唐物小壺進上ヲ滿足ニ思ヒ御内書ヲ遣ハス

今春、薩广へ着岸仕唐船ニ參候小壺、陸奥守殿(島津家久)ゟ進上被成候ニ付而、預示候趣、致披露候處ニ、遠路被入御念候由ニて、御仕合能御座候、則、　御内書被遣候、右之通、貴老ゟも能〻可被仰入候、猶、」薩摩ゟ之御使者、可爲演說候、恐惶謹言、

本多佐渡守
正信(花押87)

(慶長十六年)
十月十二日

山口駿河守(直友)様
御報

〔御文書　家久公十六 二十四通　巻廿一〕

家久山口直友ニ義久ノ遺物ヲ贈ル

二二二五　山口直友書状（折紙）

以上、

別帋申入候、仍、旧冬者、龍伯様（島津義久）為御遺物、我才式まて御刀壱腰、被懸御意、忝奉存候、委細者、此御使者申入候間、書中不具候、恐惶謹言、

（慶長十七年）正月廿日　　山口駿河守　直友（花押88）

（島津家久）嶋奥州様　参人々御中

家久禁裏造営ノ材木ヲ

二二二六　中井正清書状（折紙）

以上、

尊書拝見、忝奉存候、然者、　禁中御材木之儀、早々相調御上被成候儀、爰

差上ス

中井正清ニ食籠等ヲ贈ル

元へ參着次才、各〻御奉行衆ニ被爲請取候樣可申候、其段、御心易可被思召候、殊ニ、食籠一・唐椀・折敷十人前、被掛御意候、忝拜領仕候、猶、爰元相當御」用御座候者、可被仰付候、委細、御上洛之節、可申上候、恐惶頓首、

中井大和守

正清（花押89）

（慶長十七年）
二月朔日

（島津家久）
羽柴陸奥守樣
尊報

二二二七　板倉勝重書狀（折紙）

板倉勝重駿府ヨリ上京ス

禁裏造營ノ材木調達ヲ勞フ

如尊意之、遙不能音問、積鬱存候處、珎書幷琉球酒壱壺、被懸御意候、寔以從思召、遠路御懇厚之段、忝賞味仕候、仍、我才も自舊冬、江戸・駿府ニ逗留仕、近來令上着候、然者、（徳川家康・同秀忠）兩御所樣御機嫌能、御息災ニ被成御座候条、御心易可被思召候、隨而、　禁中御材木之儀被仰付、早速被爲」差上由、尤珎重奉存候、併御苦勞〻奉察候、猶、期後音之時候条、不能詳候、恐惶謹言、

（慶長十七年）
六月四日　　板倉伊賀守
　　　　　　　勝重（花押90）
（家久）
嶋津陸奥守様
　　貴報

伊勢貞昌駿府ヲ過グ

家久琉球ノ植木ヲ家康ヘ進上ス

植木ハ涼シクナリテ後伏見ヨリ駿府ヘ差越ス

二二二八　板倉勝重書状（折紙）

追而申候、禁中御材木、大坂迄為御上候由、承候、中井大和守（正清）書立之積参候者、面々へ割付、早速可相渡大工頭（中井正清）申候条、不残御急被仰付、御上セ可被成候、何篇、此表御用之儀、不可存疎意候、将亦、伊勢兵部殿（貞昌）駿府へ御通之時分、御懇之御音信、忝存候、兵ア殿御下候時分、具可申入候、以上、

先度者、琉球ゟ参候植木共、駿府へ被遣候付御懇礼、具拝見申候、於爰許、山口（山口直友）駿州致相談候、今比炎天之時分候間、急指越候儀も如何と存候間、能々念を入、暫伏見ニ留置候而、少涼敷成候而、駿府へ可差越と存事候、もや痛候て、色替候も」有之由候、能時分相測、自是相届可申候、於様子者、山口駿河守方ゟ

懇ニ可被申越候条、不能詳候、恐惶謹言、

板倉伊賀守

(慶長十七年)七月八日　勝重(花押91)

嶋津陸奥守(家久)様
御報

二二二九　本多正信書状(折紙)

家久秀忠ヘ虎皮天鵞絨等ヲ進上ス本多正信ヘモ沈香等ヲ贈ル

以上、

将軍様(徳川秀忠)ゟ為御音信、虎皮二枚・ひろうと(天鵝絨)弐十端・白ちりめん廿巻、進上被成候趣、披露仕候処、遠路被為入御念候段御祝着之旨、御内書被進候、就中、私へ沈香十斤・御帷子廿之内単物」拾・唐之硯一面・同香合壱ツ、送被下候、忝拝領仕候、尚、兵部少輔(伊勢貞昌)殿可被仰上候、恐惶謹言、

本多佐渡守

(慶長十七年)八月八日　正信(花押92)

（島津家久）
羽柴陸奥守様
　　貴報

二二三〇　酒井忠世書状（折紙）

家久酒井忠世ヘ縮緬等ヲ贈ル
秀忠三月ニ駿府ヘ赴ク
家久禁裏造營材木ノ調達ヲ仰付ケラレ參府ヲ免ゼラル

以上、
貴札忝令拜見候、仍而、（徳川家康）公方様ゟ、伊勢兵部少輔殿（貞昌）以被仰上候、殊、拙者式迄被成御音信、ちりめん三巻幷御帷子十內單物五、被懸御意候、誠遠路之處被思召出、御懇意之段、忝奉存候、如被仰下候、去春（徳川秀忠）將軍様駿府ヘ被爲成、「」（徳川家康・同秀忠）兩御所様御機嫌殘所無御座候条、御心安可被思召候、隨而、貴様可被成御參府處、禁中御材木就被仰付、可爲御在国之由　御諚之旨、奉得其意、御書面之通具申上候、猶期後音時候条、不能詳候、恐惶謹言、
　　　　　　　　酒井雅樂頭
（慶長十七年）
八月十日　　　　　忠世（花押93）
嶋津陸奥（家久）□□（守様）
　　　　□□〔報〕

家久駿府へ伊勢貞昌ヲ遣ハス家康ニ伽羅等ヲ進上ス

貞昌江戸へモ參ル

二三三一　本多正純書狀（折紙）

以上、

貴札致拜見候、仍、今度爲御使者、伊勢兵部少殿（貞昌）御越被成候、然者、大御所（徳川家康）様へ伽羅弐斤半・沈香拾斤幷ひりんす（緋綸子）廿端、御進上被成候、致披露候處、卽兵部少　御前被召出、無殘所御仕合ニ御座候間、御心安可被思召候、猶、遠路被入御念候通、我ホかさら、相意得、可申入旨ニ御座候、將又、於江戸一段之御仕合ニ御座候由、從」（本多正信）佐渡守方被申越候、於其地御満足可被思召と、奉察存候、何も、此表相替儀無御座候、委細者、兵ア少殿可爲演說候条、不能一二候、恐惶謹言、

本多上野介

正純（花押94）

（慶長十七年）八月十七日

嶋津陸奥守（家久）様

貴報

禁裏御所造營悉ク出來ス
家康秀忠機嫌良シ
正清一兩日中ニ駿府へ下向ノ豫定

一二三二　中井正清書狀（折紙）

尙〻、爰許上方にて御用之儀御座候者、御心易可被仰付候、何樣御上洛之刻、萬事可得尊意候、以上、

尊書拜見、忝奉存候、然者、　禁中樣御材木、早速ニ被仰付候故、爰許御作事悉出來仕、（德川家康・同秀忠）兩御所樣より、度〻　御機嫌能被　仰下候間、御心易可被思召候、拙者も、一兩日中ゟ駿府へ罷下申候間、」御材木急度被仰付候通、　兩御所樣御前へ具可申上候、殊、段子拾卷被懸御意、忝拜領仕候、委細者、御使者へ口上申含候、恐惶謹言、

（慶長十七年）九月三日　　中井大和守　正淸（花押95）

（島津家久）羽柴陸奥守樣
尊報

伊勢貞昌京都ヲ出立ス
飛鳥井雅庸蹴鞠ヲ節々催ス
雅庸家久ニ鞠等ヲ贈ル

二二三三　飛鳥井雅庸書狀（折紙）

以上、

尊翰拜誦、畏悅之至候、殊ニ、帷子五之內單二、御調之儀候、兵部少輔殿（伊勢貞昌）早ゝ下向候故、蹴鞠張行不仕候、御殘多仕合候、爰許鞠節ゝ相催候御噂、」可申入候、將亦、鞠一顆・葛布拾端、令進献候、何樣、追而可申伸候、恐ゝ謹言、

（慶長十七年）重陽　　（飛鳥井）雅庸

嶋津陸奥守（家久）樣
人ゝ御中

本多正純ヨリ家久ニ硫磺進上ノ指圖アリ
家康關東へ鷹野ニ下向ス

二二三四　山口直友書狀（折紙）

以上、

別帋ニ申入候、可然硫磺貳百斤程、御上候而可然之由、從上州（本多正純）被申越候、是又上州書狀、爲御披見進候、無御由（油）斷御進上、尤存候、　上樣（德川家康）御鷹野へ、去晦日ニ「關東へ御下向之由、申來候、弥御息災ニ御座候、こゝもと又御心安可被思召候、

此方御用之儀御座候ハゝ、可蒙仰候、猶、追而可得貴意候、恐惶謹言、

山口駿河守
直友（花押96）

（慶長十七年）
閏十月二日

（島津家久）
奥州様
参人々御中

家久再ビ琉球ノ草花ヲ差上ス

三円花佛桑花先度上セル草花ノ内枯レカカル物ハ取置ク

二二三五　山口直友書状（折紙）

尚々、去八月廿日之御状、初十月廿三日ニ参着申候、則、駿府へ板伊州申談、差下申候、御心安可被思召候、尚、追而可得御意候、以上、

重而琉球ゟ着岸候草花、御上セ被成候、則、（板倉勝重）板伊州令相談、急度駿府へ差下可申候、板伊州も、右之通御報被申入之由候、御使へ相渡申候、又、先度御上セ候三円花・仏桒花、差下申候、一段御機嫌之由、（本多正純）本上州ゟ被申越候、彼書中爲御披見、進申候、御仕合之由、口上ニも被申越候条、我ホ迄満足ニ存候、先度御上候内、かれかゝり候をハ、我ホ方ニおき候て、よくそだち候ハゝ、來春分

山口直友家久へ茶入一ツヲ返進ス

家久ヨリ差上ス今焼ノ唐物茶入披露サル家康ヘハ披露ナシ家久直友ヘモ壺二ツヲ贈ル

可然之由、板伊州任呉見候、」今度御上セ被成候草木、次飛脚を以注進申候、上州可有披露候之間、其返事ニゟ、急度差下可申候、御心安可被思召候、先度伊兵少（伊勢貞昌）帰国之砌、具申入候条、早ゝ御報申上候、恐惶謹言、

山口駿河守

直友（花押97）

（慶長十七年）閏十月二日

（島津家久）奥州様

参貴報

二二三六　山口直友書状（折紙）

尚ゝ、茶入弐ツ内壱ツ、我ホ預り申候、今壱ツ箱ニ入、御使ヘ相渡申候、此方御用之儀御座候者、可蒙仰候、以上、

先度被成御上セ候唐之今焼之茶入、御進上候、本佐州（本多正信・同正純）父子ゟ拙者ろさへの返状、為御披見進候、大御所様（徳川家康）ヘハ無披露由、本上州（本多正純）ゟ被申越候、貳ツ之壺、我ホかさまて被越候、弐ツ内壱ツ、我ホ預申候、但御用ニ候者、重而可蒙仰候、

必要トナラバ返進ス

則返進可申候、樣子」之儀者、本上州書中ニ御座候間、不及申上候、江戸・駿府相替儀無御座候、御心安可被思召候、尚、後音之節、可得貴意候、恐惶謹言、

山口駿河守

(慶長十七年)閏十月十二日　直友(花押98)

(島津家久)奥州樣

參御報

二二三七　眞福寺興淸書狀(折紙)

家久ニ大栗ヲ贈ル

家久ノ江戸屋敷作事ハ天下一ノ出來家康秀忠襃ム

尙ゝ、當年者、御作事無比類候、御滿足可被成候、別而早出來申候而御手柄之由、佐渡守(本多正信)殿も、一段御滿足ニ被思召候而、上樣(徳川家康)へも切ゝと被仰上候、委細、貴面之節可申上候間、令略候、

追而、大栗三十、令進らん候、委細者、加賀守(鎌田在實)可被申上候、以上、

好便之条、一書恐入候、仍而、當春者、節ゝ御音信、誠ゝ辱奉存候、然而、御手前御作事、天下一ニ出來申候而、兩御所樣(徳川家康・同秀忠)、一段御襃〔褒〕美被成候、閏十月十二日

家康鷹野ノ爲江戸へ入ル
家康島津家江戸屋敷ノ作事ヲ褒ム
家久來春江戸下向
興清來春眞福寺ノ再建ヲ期ス
家久ニ一切經ノ寄進ヲ頼ム

ニ、

御所様（徳川家康）御鷹野ニ江戸へ御着被成候折節、御門外ヲ御通被成候而御覧、見事成由、　御諚被成候、其様子、両奉行衆可被御耳立候、其外、大名小名、事之外」襃（褒）美仕候、愚老式迄も満足至極候、明春者、目出度御下向ニ而、御覧可被成候、本佐州（本多正信）様も、一段と御満足之由、被仰事候、御作事付而、両奉行へも色ゝ御懇被成、万端御懇成御指引ニ被成候間、能御心得候而、重而御状可被進候、将亦、拙老建立之儀も、來年中ニ是非共と存候、度ゝ如申上候、一切經御求候而、御寄進可被成候、是非ニ奉頼候、恐惶謹言、

眞福寺
興清（花押99）

（慶長十七年）十一月五日

嶋津陸奥守（家久）様
參人ゝ御中

以上、

二二三八　山口直友書状（折紙）

家久在京ノ家臣ヲ江戸駿府へ遣ハス

山口直友家久ヨリ上セル蜜柑ヲ江戸駿府へ取次グ

草花ハ船中ニテ痛ム故伏見ニテ休マス

幸便之条、令啓上候、仍、本田新介〔助〕(親良)方上意候間、去十五日江戸・駿府へ下被申候、被仰越候通、具本佐渡守(本多正信・正純)父子へ申越候、於様子ハ、御心安可被思召候、兼又、兩度御上セ被成候蜜柑、我才者相添差下申候、定而五三日中可罷上候、江戸・駿府ゟ返状可有御座候間、重而進上可申候、少も由〔油〕斷不存候、御心安可被思召候、又、今度本新介方へ御上セ被成候草花、舩」中よていさゝ申躰と見へ申候間、當地にてやすめ、年明候ハヽ、則差下可申候、これ又御心安可被思召候、尚、後音之節、可得御意候、爰元之様子、鎌田加賀(在實)方可被申上候、萬〻奉期後音之時候、恐惶謹言、

山口駿河守

直友(花押100)

(慶長十七年)極月廿二日

奥州□〔様〕(島津家久)參人〻御中

一二三九　難波宗勝書狀(折紙)

難波宗勝昨秋勅免サル

家久ニ男子誕生ス

以上、

御書拜受、殊、段子（緞）三卷致拜領、忝次第、難申謝存候、久敷遠國住居仕候付而、以愚札不申上候、無沙汰迷惑千萬〳〵奉存候、拙子茂去秋被」召返、歸洛仕候、當年中於御上洛、拜尊顏、万ゝ可得賢意候、恐惶頓首、

（慶長十八年）三月初五　（難波）宗勝

（家久）嶋津陸奥守樣　尊答

二二四〇　飛鳥井雅庸書狀（折紙）

以上、

如仰、新年之御慶、弥重ゝゝ、先可申入候處ニ貴翰、殊ニ段子（緞）二卷、畏悅之至候、如御意、去年（宗勝）難波歸京仕、致滿足候、何樣從是可申入候、」先度申入候御息御誕生、目出度奉存候、御祝詞、重而可申達候、恐ゝ謹言、

（慶長十八年）三月六日　（飛鳥井）雅庸

嶋津陸奥守（家久）様
人々御中

家久ニ當面在國ノ在國ヲ勸ム

上洛延引サル

注進次第ノ上洛ヲ心得ラレタシ

家康徳川義直祝言ノ爲近日名古屋へ赴ク

本多忠政近日上洛ス

伊勢近江衆モ上洛トノ取沙汰

猶ゝ、先書ニも如申上候、先ゝ御在國、御尤存候、被成御上洛可然時分、本上州ゟ可有御左右之由候条、其御心得可被成候、わさと以飛脚可申入之處、佐土原へさしろふる便宜御座候条、如此候、何れも、追ゝ可得貴意候、以上、

一二四一　山口直友書状（折紙）

好便之条、令啓上候、先度別府舍人方歸國之砌、書狀を以申入候御上洛之儀、先ゝ可有御延引之由、御諚ニ候、雖然、先日本上州（本多正純）如書中之、自然御用御座候者、注進可申候条、其節早速御上洛被成候様、御心懸専要存候、御由（油）斷被成間敷候、就中、右兵衛（徳川義直）様御祝言付而、近日尾州名古屋へ大御所（徳川家康）様御上之様、御沙汰御座候、當地之爲御番、本美濃守（本多忠政）近日可有上着之由候、其外、伊勢・江州衆ふとも被罷上様、御沙汰候間、萬事御由（油）斷被成間敷候、先本美濃守殿上之儀者、必定ょ存候、其外之事ハ、実儀者不存候へ共、下ゝ之取沙汰之

分、爲御心得之、申入候、自然御用も御座候時分者、御由断〔油〕ふく御上候様、御分別宸奉存候、努〻御由断〔油〕被成間敷候、尚、追而可得御意候、恐惶謹言、

（慶長十七年）
卯月二日　　山口駿河守
　　　　　　直友（花押101）

（島津家久）
奥州様
　参人〻御中

二二四二　理性院観助書状（折紙）

家久ノ願ニヨリ太元明王護摩ヲ修ス

家久ノ若子竝ニ簾中ヘモ守札ヲ進ズ

尚〻、御上洛之節、萬端御礼ホ可申入候条、令省略候、以上、

尊書拜見、恐悦無極候、仍、就御祈念之儀、御願之旨、具得貴意候、随而、銀子拾弐枚贈給候、尤珎重存候、則、撰良辰、太元明王護摩一七日企修行、抽懇祈候、御札護・卷數幷薰衣香五袋、令進献候、將亦、御若子御方へ、御守令進覧候、御簾中（島津龜壽）へも、」御護令進之候、目出度可有御頂戴候、兼又、太元堂之儀、早速〻令造畢、大慶之至、難盡筆帋候、猶、期後慶之間、不能詳候、恐惶謹言、

（慶長十八年）
卯月廿三日　　（理性院）観助

（島津家久）
羽柴陸奥守殿
人々御中

二二四三　近衛信尹書状（續紙）

近衛信尹家久ヘ染筆セル書物ヲ贈ル

其後又無音候、（惟）維新（島津義弘）御勇健候哉、京都・大坂無事□□駿・武両州之義、細々可有注進之間、不能筆頭候、將又、此一册、雖無差𡉏躰候、遂一部之功（紙繼目）候之間、可差下有増之處、八幡泉坊下向申由候之間、誂付候、尚、期後信之節候、かしく、

（慶長十八年）
五月廿日　　（近衛）信尹

（島津家久）
鹿児嶋少將殿

二二四四　近衛信尹書状（續紙）

先便之時、一册言傳候、相居候哉、

島津兵庫ハ來春敍爵ノ豫定

京都替ハル事ナシ

那須主膳駿府へ出仕シ仕合良シ

雖無指題目、的便之間、令啓候、某(其)許如何樣之事候哉、御息(島津兵庫)成長候哉、來春者叙爵被申、尤候、　禁中邊、其外爰許無事候間、可御心易候、將又、單物(紙繼目)貳領、乍輕義、相添書狀候事候、平右衞門尉(土持)可令演說候、ゟしく、

(慶長十八年)六月廿一日　信尹(近衞)

(島津家久)鹿児嶋少將殿

二二四五　山口直友書狀(折紙)

已上、

那須主膳殿、駿府へ御出仕付而、御狀被下候、其趣、本上州(本多正純)へ具ニ申候処、被取成被申、那主膳殿、仕合殘所無之之由候間、我ホ迄滿足存候、於樣子ハ、那主可爲演說候条、不能具候、猶、後音之節可申伸候、恐惶謹言、

山口駿河守

(慶長十八年)六月十九日　直友(花押102)

嶋津陸奥守様（家久）
参貴報

家久ノ妹人質トシテ江戸へ赴ク

本多正信ヨリ遅滞ナキ様駄賃馬ヲ馳走スベシト申來ル

二二四六　板倉勝重黒印狀（折紙）

尚〻、御自分之馬之外之駄ちん馬事、馳□〔走〕候て、すこしも遅〻ふき様御いそきの事候間、
ちそう申さるへく候、以上、

嶋津陸奥守殿（家久）御いもうと子（島津千鶴）、江戸へ御引越ニ付而、駄賃馬弐三百疋入候間、
宿〻ニ、馬ふき所候へハ、路次遅〻候とて、自分之小荷駄五拾五疋、女房衆を
のせ御下候、此外之駄ちん馬ハ、何程も入次第調出し、路次遅〻ふきやうニ、
馳走申さるへく候、右之分、懇ニ本多佐渡守（正信）殿ゟ申來候間、則申越候者也、

丑（慶長十八年）拾月廿二日　板伊賀（勝重）（黒印1）

（ウハ書）「京都□（ゟ）江戸□〔迄カ〕
宿□年寄中」

高橋元種改易サル
稲葉典通元種ノ家財知行ヲ改ム
高橋領ノ百姓家久領ニ立退カバ申入ルル故急度申付ケラレタシ
島津忠興ニモ同ジク申入ル

二二四七　稲葉典通書状（折紙）

以上、

従是以書状可申入覺悟候處、預貴札、本望ニ存候、高橋右近（元種）背御法度、被成御改易、跡識（職）爲御改、相良方（頼房）兩人、至縣（縣）（日向臼杵郡）參着候、則、致入城、只今家財・知行分相改申半ニ候、就其、御領分入組之由候間、自然高橋領之百姓懷年貢、其方御領中ニ立隠候儀も御座候者、自是可申入候条、急度被仰付可給候、御同右馬允（島津忠興）殿へハ、此方近邊之儀候条、右之趣、今朝相良方兩人ゟ以書状申入候、爰元逗留中、猶追而可得御意候、如仰、其以來以書状も不申入、無音、所存之外候、恐惶謹言、

（慶長十八年）十一月十六日　稲葉彦六
典通（花押103）

羽柴□（陸）奥□□（守様）（島津家久）
御報

年貢ノ先納竝ニ他領ヘノ逃散ヲ改ム

相良頼房高橋元種ノ居城等ノ改ヲ仰付ケラレ國元ヘ下向ス

二二四八　相良頼房書状（折紙）

追而、高橋奉公人令先納、又ハ、百姓已下、他郷へ罷のくものとも候ハヽ、可相改之由候、
爲若輩、ケ様成儀如何ニ候へとも、御領内宮崎（日向宮崎郡）つゝき、諸事御法度不及申上候、已上、

十二日之尊書、今日鳥（酉）之刻ニ拜見申候、從中途御注進如申候、高橋（元種）居城・知行・物成改、稲葉彦六（典通）殿御同事ニ被　仰付候段、江戸御奉行衆ゟ被仰下候へ者、則、此地へ罷越候、別ニ相」替儀無之候、爲御存知候、恐惶謹言、

相良左兵衛佐

（慶長十八年）十一月十六日　頼房（花押104）

羽柴奥（州様）□□（島津家久）　貴報

高橋元種居城ヲ召上ゲラル

元種ハ立花宗茂ヘ富田信高ハ岩槻ヘ御預トナル

石川康長改易

康長ノ跡職ハ小笠原秀政ニ下サル

〔御文書〕家久公十七 二十四通　巻廿二

二二四九　寺澤廣高書状(折紙)

去十日之御書、拜見申候、高橋右近(元種)殿、於江戸仕合悪御座候て、居城(日向延岡城)爲請取、稲葉彦六(典通)殿・相良左兵衞(頼房)殿被　仰付被參之由、早々被仰聞候、爰元へも、夜前到來御座候、高橋殿、於江戸立花左近(宗茂)殿へ御預ケ、富田信濃(信高)殿、岩つき(マヽ、實ハ岩城)へ御預ケ、公事あいての酒井(坂崎)出羽(成政)、いまゝ御番付申之由ニ候、將又、於信濃石川玄(康長)番(蕃)と申人、隱田被　聞召上、身躰相果、跡職之義、同国之小笠原信濃守(秀政)殿へ、爲加增被下之由候、如此申來候、色々の事まて御座候、將又、蜜柑四加(マヽ)籠被下候、忝存、別而賞翫仕候、何茂重而可得御意候、恐惶謹言、

(慶長十八年)霜月廿四日　寺志摩守(寺澤)

廣高(花押105)

(島津家久)羽陸奥守様
御報

本多正信家久ヘ獵虎ノ鞍覆同馬氈ヲ贈ル

家久家康ヘ年頭祝儀ヲ進上ス

正信ヘモ祝儀ヲ贈ル

二二五〇　本多正信書状（折紙）

尚以、旧冬面拝ニ奉得尊意を候儀、ニ〔于〕今難忘、乍恐、御残多さ、書中ニ叵申上候、何様面拝ニ、積御事者可奉得貴意候間、不具候、以上、

追而、不物ニ御座候へ共、らつこ〔獵虎〕のくらおゝい壱つ、同馬せん大小二進上、餘之御事ニ候、以上、

當春之爲御祝儀ら、御太刀一腰・御馬代金子貳枚幷段〔緞〕子貳十巻、進上被成候趣、披露仕候処ニ、遠路被爲入御念候段、悦被思召、御内書被遣候、就中、御口上之通、是又申上候處ニ、如何ニも御機嫌能、尤之由御諚ニ候、随而、拙者へ御太刀一腰・御馬一疋・緞子拾巻・唐之盆十枚」送被下候、遠路御心付之段、書中ニ難申謝候、委曲爰元之様躰、御使者可被仰上候条、奉省略候、恐惶謹言、

本多佐渡守

（慶長十九年）
卯月廿五日　　　　正信（花押106）
（家久）
嶋津陸奥守様
御報

唐船薩摩着岸ノ節ハ唐人次第商賣サレタシ

二二五一　長谷川藤廣書狀（折紙）

尊書・御使者、殊爲御音信、帷子十之内單物五卄赤貝漬物四桶、被懸御意、忝奉存候、就中、御使者御口上之通、被入御念、過分存候、用所於御座候者、自是可申上候、次、唐舩之儀被仰下候、着岸之時分者、何様ょも唐人次第可被仰付候、將亦、江戸・駿河相替儀無御座、（德川家康・同秀忠）兩御所様」一段御息災被成御座候間、是又可御心安候、猶、追而可申上候間、貴報不能具候、恐惶謹言、

長谷川左兵衞

（慶長十九年）
五月十七日　　　　藤廣（花押107）
（島津家久）
羽柴陸奥守様
尊報

長谷川藤繼茶屋清次駿府ニ著ス

一二五二　山口直友書状（折紙）

以上、

此表爲御見廻、預御使札、忝存候、爰元相替儀無之候、先以可御心安候、粗如申入、御人數ふと入儀御座候者、則注進可申候条、其節者無御由斷（油）御出勢、尤ニ存候、昨日も被入御念御使札、御」内意之通、長谷左兵（長谷川藤廣）方へも具申候、又、今日長谷川忠兵衞（藤繼）・茶屋四郎二郎（清次）被罷登候、御念入之通、本上州（本多正純）へ委申上候、可御心安候、爰元之様子、内藏助方へ申渡候、將又、我才上国之砌参上申候様ニと被仰越候、我才も左様之内存ニ御座候へ共、公儀難計候間、御報ニ不申入候、併、今少逗留可在之躰ニ候間、其内切ゝ可得貴意候、猶、奉期後音之節候、恐惶謹言、

（慶長十九年）八月八日　山口駿河守

直友（花押108）

（島津家久）奥州様

参貴報

家久有馬邊ノ様子ヲ心元ナク思ヒ本田親正ヲ長崎ヘ差遣ハス
長谷川藤廣用アラバ申入ル故引上グル様親正ヘ指圖ス

二二五三　長谷川藤廣書状（折紙）

以上、

尊書忝拜見仕候、仍、有馬邊（肥前高來郡）之様子、無御心元就被思召、本田伊賀守（親正）殿此地ニ可被指置旨、被仰下候、然共、俄御人數杯入申候儀者御座有間敷候、若又用所も就御座候者、山口駿河守（直友）殿・三原諸右衞門尉（重種）殿相談仕、自是可申上候間、伊賀守殿へ者、先〻御歸宅被成候様ニと申候、猶、於様子者、重而可申上候条、貴報不能具候、恐惶謹言、

（慶長十九年）八月十二日　長谷川左兵衞
藤廣（花押109）

嶋津陸奥守（家久）様
貴報

家久本田親正ヲ三原重種ト同様長崎ニ詰メサセムトス
山口直友親正ニ歸國ヲ申渡セル事情ヲ説明ス

二二五四　山口直友書狀（折紙）

已上、

當表爲御見廻、本田伊賀守（親正）御指越被成候、殊更、三諸右（三原重種）同前ニ當地ニ可被相詰之由被仰付旨、被申候、尤之御意共ニ候、雖然、先書如申、御人數入儀御座候者、無由斷（油）可申入候条、先ゝ本伊賀方、可有御歸之由、申渡候、從長谷左兵（長谷川藤廣）も、右之通」懇ニ可申入之由被申候、猶、於樣子者、御使者申入候、恐惶謹言、

山口駿河守

（慶長十九年）八月十三日　直友（花押110）

（島津家久）嶋奥州樣
參貴報

自筆ニテ申入ルル大野治長ノ判ヲ見知ル者

二二五五　大野治長添狀案（折紙）

か樣之書中、人ニ者不罷成、自筆を以申上候、我ホ判、太田新介殿・川東土佐殿御存知事ニ候、

以上、

大野治長添状案

（第二二五五號）

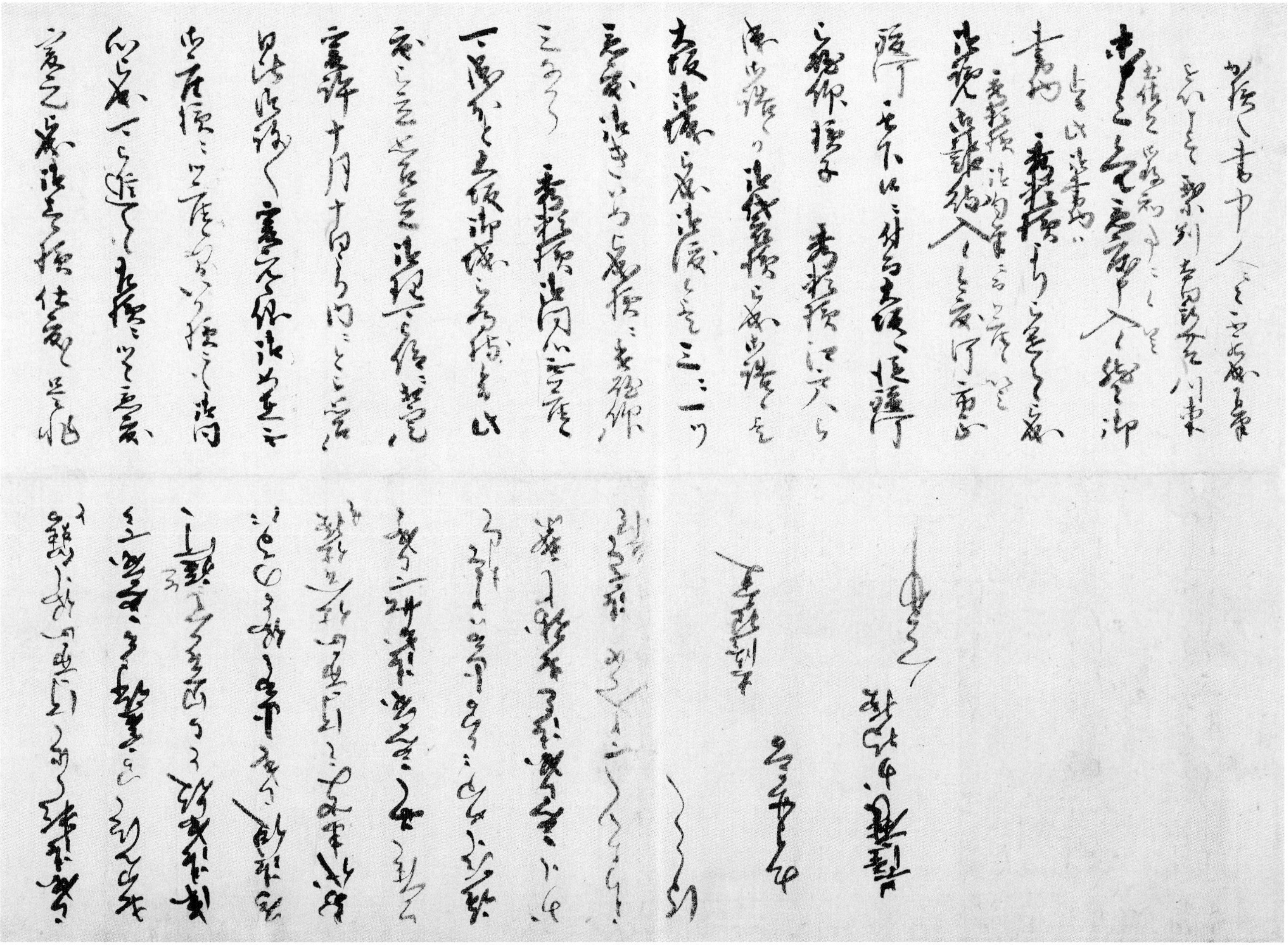

原寸 縦四〇・二糎 横五六・八糎

豊臣秀頼ノ書物モ自筆
秀頼家久ニ書物ヲ遣ハス
家康秀頼ニ三箇條ヲ申入ル
秀頼何レモ同心セズ
秀頼家久ニ同心ヲ求ム
片桐且元ハ心替リト見ユ
秀頼且元ノ成敗ヲ考フ
治長家久ニ急ギ出船セル様乞フ

追而、此御書物ハ　秀頼様、御自筆ニ而御座候、以上、
未申上候へ共、急度申入候、然者、御書物、　秀頼様(豊臣)より被進之候、被成御覧、御報待入候、今度片市正(片桐且元)駿河罷下候ニ付而、大坂へ従駿河被懸仰様子、　秀頼様江戸へ被成御詰候ろ、御袋様(豊臣秀頼生母、淺井氏)被成御詰候歟、大坂御城被成御渡候歟、三ニ一つ、急度御きハめ被成様ニ被懸仰候、三ふろら、　秀頼様御同心無御座候、可成ぞと大坂御城被爲持候而、此度被立思召立(衍)、御理可被仰ニ相定候、爰元、十月十日より内ニと被思召候、日比はね〳〵爰元之儀、御如在無御座様ニ御座候間、い、ろ様ニも御同心被成可被進之候、左様ニ候者、急度爰元被成御上候様仕度候、是非」被成御頼之由候、片市正儀も、心替と相見得候間、爰許ニ而急度可被成御成敗と被思召候へ共、先駿河へ爲御使被遣、追而之儀との事ニ候、前代未聞ニ候、片市正仕合、仕様共御座候、必ゝ急度御出船可被成候、路次も如何ニ候間、追而ハ申上候ましく候、少も急被成御上、相待申候、我才よりよく〳〵可申入之由、　御意候、恐惶謹言、

（慶長十九年）
九月廿三日
（島津家久）
薩摩少將様
　人ゝ御中

（大野治長）
大修理大夫

高山右近昨日長崎ヲ出船ス

二二五六　山口直友書狀（折紙）

以上、

急度令啓候、仍而、昨日廿五日、（高山右近）吉利支丹大守相渡、出船仕候、先以可御心安候、爰元御仕置ホ、弥（長谷川藤廣）長谷左兵方令相談、相濟し可申候、委細（伊集院久元）伊半右方へ申渡候間、拙者書中不具候、恐惶謹言、

（慶長十九年）
九月廿六日
山口駿河守
直友（花押111）
（島津家久）
奥州様
　參人ゝ御中

細川忠興長崎ノ山口直友ヘ見廻ノ使者ヲ差越ス
長崎無事
家久モ長崎ヘ見廻ノ爲使者ヲ差越スガ良シ

家康大坂騒擾ニツキ上洛ス
家康家久ニ大坂ヘノ出

二二五七　山口直友書狀（折紙）

猶申候、羽越中殿（細川忠興）ゟも、爲見廻、歴々御指越候、委細者、伊牛右迄令申候、以上、

一書令啓上候、仍、當地之儀、弥相替□（事カ）無御座候、可御心安候、雖然、方々ゟ爲見廻、使者被越候、先日伊牛右（伊集院久元）迄如申、五拾百まても、爲御音信、御使者被指越、可然存候、多人數」入儀御座候者、追而注進可申候、猶、伊牛右ゟ可被申上候、恐惶謹言、

山口駿河守

直友（花押112）

（慶長十九年）十月八日

（島津家久）陸奥守様
參人々御中

二二五八　德川家康付年寄連署奉書（折紙）

急度申入候、仍、今度大坂忩劇ニ付、大御所様（德川家康）、今月廿三日至京都被成御上着候、然者、御手前之儀、御人數被召連、早々大坂表へ可有御出張之旨、

陣ヲ命ズ

秀忠モ江戸ヨリ出陣ス

御意御座候間、被成其御心得、急御出陣可被成候、然而、關東御仕置、如何ニも丈夫ニ被仰付、〔徳川秀忠〕「公方様」御慟〔動〕座被成、五三日之内ニ御上着御座候、恐々謹言、

(慶長十九年)十月廿五日

本多上野介　正純(花押113)

安藤帶刀　直次(花押114)

成瀬隼人　正成(花押115)

板倉伊賀守　勝重(花押116)

嶋津陸奥守(家久)殿

家久大坂ヘノ返事ノ趣等ヲ細川忠興ニ申聞カス

忠興關東ノ御諚ニ従フ覺悟

家久忠興ニ大坂ヨリ申入ノ趣ヲ尋ヌ

二二五九　細川忠興覺書（折紙）

覺

一、從大坂貴様へ被　仰越趣、御返事之様子、具ニ被仰聞候、懸御目、驗相見、滿足仕候事、

一、我ホ覺悟之儀、尋被下候、先日大學坊ニ如申候、東より　御諚次才と存事、

一、憐〔鄰〕國之様子、大ゝ申入候事、

一、東之御様子、存分申入事、

一、我ホへ、大坂より何共被仰下哉と御尋事、

一、大坂之御様子承及分、申入候事、

一、長崎之事、

已上、

（慶長十九年）十月廿五日　（細川忠興）羽越中守◯（青印1）◯印文「tadauoqui」

（島津家久）羽奥州様　參

家康ノ出馬必定ト上方ヨリ注進アリ

二二六〇　山口直友書状（折紙）

以上、

此表爲御見廻、伊勢兵部少輔（貞昌）方、被懸御意候、萬事申談、大慶存候、上様（徳川家康）御出馬、弥必定之由、従上方到來候、於趣者、兵少へ相談申候条、可被申上候、雖不及申候、此砌無御由斷（油）、御使者までも、」又御飛脚成共、切ゝ御指上を、尤ゝ存候、委細、伊兵少へ存寄通申談候間、書中具不申上候、猶、追ゝ可得御意候、恐惶謹言、

山口駿河守

（慶長十九年）霜月三日　直友（花押117）

参貴報

二二六一　松平定勝書状（折紙）

大坂ヨリ薩摩ヘ再ビ使者來ル
家久家康ヘ使者ノ口上ヲ申入ル
先手ノ諸大名仕寄ヲ始ム
急ギ大坂ヘ上ルガ良シ

以上、

御状、本望之至存候、仍、従大坂重而御使罷下候ニ付而、被入御念、本上州（本多正純）迄御使者被遣候、彼御使口上、委細ニ承候、御心底之通、御尤ニ存候、大坂之様子、御先手之衆追ゝニ仕寄申候由ニ候条、急御上着被成可然存候、猶、御上之節可申達候、恐ゝ謹言、

（慶長十九年）極月七日　　（松平）松隱岐守
定勝（花押118）

嶋津陸奥守（家久）様
貴報

家久明ヨリ琉球使節歸國ノ事ヲ報ズ
秀忠家久ニ御内書ヲ送

二二六二　本多正信書状（折紙）

以上、

従琉球唐ヘ被遣候先舩、歸朝仕候付而、爲御註（注）進早ゝ被仰上、殊、三種進上被成候趣、致披露候処、被入御念候儀、御祝着被思食、　御内書具被進候間、拙

ル

山口直友家久ニ大坂へ急ギ出陣セル様申入ル

大坂落城ハ間近家久ノ上洛ヲ急ガシム

者ゟ委不申上候、然ハ、私へ砂糖百斤桶二幷焼酒壺壱、送被下候、御芳情之至、
書中難申上候、」猶、爰元之様躰、御使者可為言上候、恐惶謹言、

本多佐渡守

(元和元年)正月十一日　正信(花押119)

(島津家久)羽柴陸奥守様

貴報

二二六三　山口直友書状(折紙)

以上、

追而申入候、福崎新兵ゟ、御国之衆ヲ被差下由候へ共、我等ものをも一人相
添申候、無御由斷(油)御出陳(陣)御急候様ニと存、飛脚一人相添申候、御両所迄、様子
可申入候、大坂表之儀、落去程有間敷と存候間、奥州様(島津家久)御上洛、御急専一存
候、恐ゝ謹言、

山駿河守

卯月廿日（慶長二十年）　　直友（花押120）

比志紀伊守殿（比志島國貞）

伊勢兵ア少輔殿（貞昌）

御宿所

家康秀忠近日大坂へ出馬ス

二二六四　飛鳥井雅庸書状（折紙）

以上、

大坂御陣、兩御所（徳川家康・同秀忠）近日御出馬之由候、急度御上洛候やうよ承候、何比可被成御京着候哉、細々休甫（津田）なと參會仕、待ろゟ申候、何様期拜顔、積鬱」可申述候、急候而一筆申入候、恐々謹言、

五月二日（慶長二十年）　　雅庸（飛鳥井）

嶋津陸奥守様（家久）

尊下

二二六五　細川忠興書状（折紙）

一刻モ早ク上洛スベシ
去七日大坂ニテノ合戦
豊臣秀頼息國松捕ヘラル
長宗我部盛親等成敗サル
眞田信繁等討死
家康秀忠七八月マデ在洛ス
家久ノ上洛事ノ外遅シ
細川忠興吉田ノ屋敷ニ在リ

猶々、乍慮外、比志嶋紀伊守（國貞）殿・伊勢兵ア（貞昌）殿へ、此由可被仰聞候、已上、

御上あまりたそく御さ候間、小早下申候、一刻も急御上、可然候、

一、去七日大坂御合戦之様子、定而そや具ニ相聞可申候間、不委事、

一、秀頼（豊臣）様御息（豊臣國松）八ツニふらせらき候も、そや御取出、長曽我ア（宗）（盛親）・大野道犬（治胤）とらまへ出、何も御せいそい（成敗）まて候、此外頭之居所、未相聞候事、

一、眞田（信繁）・後藤又兵（後藤基次）・木村長門（重成）・薄田隼人（兼相）、うち死事、

一、兩御所（徳川家康・同秀忠）様、七八月迄も御在洛之由事、」

一、國々御仕置之儀、未何共不相聞事、

一、別ニ相替御沙汰も無之事、

一、とかく御上、存之外おそく御さ候間、早々御上洛待申候、我ホハ吉田（山城愛宕郡）ニい申候、恐惶謹言、

羽越中（細川）

（慶長二十年）
五月廿五日　　　忠（忠興）（花押121）

嶋奥州様（島津家久）
　人々御中

家久昨日上洛ス

家久父子ノ御前ノ儀ハ疎略ニ存ゼズ

二二六六　本多正信書状（折紙）

以上、

昨日其地へ御着之由、被仰下候、被爲入御情〔精〕候故、存候ゟ早ゝ御上着被成候、
御父子様（島津義弘・同家久）御前之儀者、山口駿河守（直友）殿申談、不可奉存疎意候、誠ニ久ゝニ而面拜
ニ可奉得尊意候間、」乍恐、一入珎敷奉存候、恐惶謹言、

本多佐渡守

（慶長二十年）
六月三日　　　正信（花押122）

嶋津陸奥守（家久）様
　貴報

家久家康ヨリ馬ヲ拜領ス

本多正純伏見へ赴ク

二二六七　本多正純書狀（堅紙）

以上、

一書致啓上候、仍、昨日者御馬御拜領被成、御珎重ニ被思召之由、御尤御座候、其段、懇可申上候間、御心安可思召候、然者、昨晩も致伺公、御見廻可申上候處、伏見へ罷越、更候而罷歸候故、其儀無御座候、將亦、昨日者三種進覽致候處、御祝着被成由、忝奉存候、猶、兎角致伺公、御見廻可申上候、然而、乍(此三)左少、如目錄進上申候、書狀之印迄ニ御座候、委曲期後音候、恐惶謹言、

（慶長二十年）六月六日　（本多）正純（花押123）

（端裏結封ウハ書）

「本多上野介

（墨引）　嶋津陸奥守（家久）様　正純

人々御中」

二二六八　本多正勝書狀（堅紙）

以上、

家久家康ニ目見得シ馬ヲ拝領ス

爰元御上被爲成候を不存候而、御見廻をも不申上候處ニ、早ゝ御書中、過分忝次才ニ奉存候、然而、（徳川家康）大御所様御目見え被爲成、殊ニ御馬御拝領被成、御仕合残所無御座由、御満足通、奉察存候、何も、以参上可申上候条、不能具候、恐惶謹言、

（慶長二十年）六月八日　（本多）正勝（花押124）

本多出羽守

「（捻封ウハ書）
（墨引）　嶋津陸奥（家久）□（守）様　　正勝」
貴報

二二六九　長谷川藤廣書状（折紙）

家久上洛ス
家久御前ノ仕合良シ
長谷川藤廣堺ノ町割ニ

猶ゝ、（徳川家康）大御所様、別而御懇切之仰共、尤左様ニ可有御座事ゟ存候、以上、

尊書忝拝見仕候、仍、早ゝ御上洛被成、則御出仕候處、　御前御仕合残所無御座、殊御馬御拝領、目出度奉存候、右之分、山口駿河守殿（直友）ゟ被申越候間、拙者式迄悦申御事ニ而御座候、罷上御見廻可申上候へ共、爰元町割以下ニ付、不得

寸暇ナシ

本多正信家久ノ咳氣ヲ見舞フ

正信馬ヲ贈ル

寸隙候間、乍存、御無沙汰様御座候、」何様、御在洛中与風罷上、以面上ニ可申上候間、不能具候、恐惶謹言、

長谷川左兵衛

藤廣（花押125）

（慶長二十年）
六月八日

（家久）
嶋津陸奥守様
貴報

二二七〇　本多正信書状（折紙）

以上、

貴札拝見仕候、仍、昨朝ゟ御咳氣氣ニ御座候由、無御心元奉存候、定而道中之御苦勞、御機遣被成候故ニ而可有御座候、緩ゝと御養生、肝要之御事ニ候、將又、爲御慰之、馬進上仕候処ニ、御祝着被成候由被仰下候、餘御慇懃之至ニ御座候、委曲、面拜ニ可奉得」尊意候条、早ゝ御請申上候、恐惶謹言、

本多佐渡守

(慶長二十年)
六月十日　　正信(花押126)

嶋津陸奥守様(家久)
貴報

二二七一　江戸幕府年寄連署奉書(折紙)

大坂落人ヲ摘發スベシ
島津領ヨリ豐臣家ヘノ奉公人アラバ交名ヲ差出スベシ
在所へ戻ラバ捕フベシ
其者ノ妻子闕落セザル様意ヲ拂フベシ
妻子ナクバ親類ヲ書上グベシ

尚以、大坂ゟ之落人、弥被入御念御改、被搦候て可有御上候、以上、

急度申入候、仍、従去〻年當春迄之間ニ、御領分より大坂江奉公ニ罷越候者於
御座候者、注交名可被成言上候、今度在所ヘ立歸候者も可有之候、左様之者
をハとらへ被爲置候哉、若行衞不相知、妻子計殘置候者、彼妻子「不致闕落様
ニ可被仰付候、妻子無之者ハ、如何様成親類御座候与具ニ御書付、早〻可被成
御上候、委細御報ニ可承候、恐〻謹言、

(慶長二十年)
六月十四日　　安藤對馬守
　　　　　　　　重信(花押127)
　　　　　　土井大炊助

利勝（花押128）

酒井雅樂頭
忠世（花押129）

藤堂高虎家康ノ參内ニ扈從ス
秀忠咳氣ノ爲家久ノ目見得未ダ濟マズ

二二七二　藤堂高虎書状（折紙）

以上、

如仰、其以來者、不得御意候、昨日、大御所様（徳川家康）被成御參内候、卽致御供候、御機嫌能御座候間、可御心安候、然者、公方様（徳川秀忠）へ未御目見無御座候由、少御咳氣故と令察候、此比ハ、表へ可被成」御出候条、可爲御目見と存候、御隙明次才御出京、奉待候、近日相積御雜談、可申承候、御床敷事、天山ニ御座候、小性共、能興行可仕候、何事も、以貴面可得御意候、恐惶謹言、

（慶長二十年）六月十六日　藤和泉守（藤堂高虎）（花押130）

嶋奥州様（島津家久）
貴報

〔御文書　家久公十八 二十三通　巻廿三〕

二二七三　福島正則書状（折紙）

福島正則大坂早速落城セルヲ祝ス

尚以、殊之外早〻被成御上、去とてハ奇特成御事共ニて御座候、如御書中、大坂早速致落
居、何方も目出度存候、以上、

正則家久ノ上洛竝ニ家康ヘノ目見得ヲ祝ス

秀忠ノ御前ノ儀モ仕合良カラム

家久ノ江戸屋敷無事

遠路寄思召、預御使札、忝拝見仕候、殊、被成御音信ゟ、御帷子拾之内單物五
ツ、何も御念入さるを被懸御意、誠ニ節〻之御心付、重〻忝存候、随而、御陣
觸御座候てより御國を被成御立、早速伏見迄御上着、則、去月五日ニ、
（徳川家康）大御所様へ被成　御目見候處、　御前之御仕合、殘所無御座、御馬共御拜領
之」由、御外聞ゟ申、我ホ式迄目出度存候、（徳川秀忠）將軍様　御前之儀も、弥御仕
合能、可有御座と存事ニ候、將亦、此表御屋敷、一段と御無事ニ御座候、御作
事も、殊外そろ行申候、定而、當秋ハ此表へ可被成御座候哉、其節、以面萬可
得御意候、委細者、土持平右衛門尉殿可被申候、恐惶謹言、

羽柴左衞門大夫（福島）
（慶長二十年）壬六月朔日　正則（花押[131]）
嶋津陸奥守（家久）様
御報

家久二條城ニテノ能ニ招カル

二二七四　本多正純書状（竪紙）

以上、

一書致啓上候、仍、明日朔日、於二条之御城御能御座候間、御登城被成御見物、御尤御座候、左様御座候者、少もやく御登城可被成候、恐惶謹言、

（慶長二十年）後六月廿九日　（本多）正純（花押[132]）

「（端裏ウハ書）
嶋津陸奥守（家久）様
人々御中
本多上野介
正純」

○此ノウハ書、端裏ヨリ捩ギテ、書状ノ奥ニ貼リ付ク、

二二七五　西洞院時直書状（堅紙）

家久ヨリ諸白ヲ贈ラル

返〻、昨日者他出仕、御礼遅〻、背本意候、及御報間敷候、

昨日者、思召寄爲御音信、諸白壱荷、被懸御意候、御懇情之義、難申謝候、何も与風參候而、可得貴意候、頓首、

（慶長二十年）
七月四日　　　　（西洞院）西少納言
　　　　　　　　時直

（捻封ウハ書）
「（墨引）（島津家久）嶋奥州様　人〻御中　　時直」

二二七六　西洞院時直書状（堅紙）

家久西洞院時直ヲ訪フ

猶〻、一昨日者、色〻忝存候〳〵、

一昨日者、御心閑御物語共承候而、難忘存候、仍、廿一日ニ者、從早天光儀、奉待候、左様ニ御座候者、朝御膳、此方ㄡて可進候、猶、道正老（――）迄申入候条、不能一二候、頓首、

（元和元年）
七月十九日　　　時直（西洞院）

（端裏捻封ウハ書）
「（墨引）　嶋奥州様（島津家久）人々御中　　西少納言」

二二七七　琉球中山王尚寧書狀（竪紙）

中山王尚寧大坂陣ニツキ家久ノ上洛ヲ見舞フ去春ノ王位安堵ヲ謝シ家久ニ方物ヲ進ズ

去歳以降、上方就于（衍）乙乱劇、御上洛之旨、傳承、晝夜心遣千万令存、立願抽丹誠訖、以其憤事好、早々御歸國、珎重多幸、抑、去春以御兩使、朕相續之儀被仰下、至幸々々、此等之御礼可申達處、依爲遠隔、海路延引、非本懷、明春早速、以使華可令啓、積鬱之外無他、將亦、不腆之方物、錄于別楮、聊表御祝儀計候、猶、使者讓演說、省略之、誠恐誠懼不宣、

中山王

（元和元年）
季秋初三日　　尚寧（花押133）

進上　羽林家久公（島津）

家久ノ江戸屋敷類燒ス

二二七八　土井利勝書状（折紙）

以上、

毛利（秀就）殿ゟ火事出來申、風惡敷御座候て、御屋敷も燒申、笑止千万、難申上候、
併下ゝ迄御無事ニ御座候間、御心安可被思召候、委細者、御留主居中ゟ可被
申上候間、不能詳候、恐惶謹言、

土井大炊助
利勝（花押134）

（元和元年）九月廿二日

嶋津陸奥守（家久）様
人ゝ御中

福島正則江戸屋敷ノ類燒ヲ見舞フ
正則羽柴ノ名字ヲ福島ニ復ス

二二七九　福島正則書状（折紙）

追而、此度之火事、何共笑止千万成義共ニ御座候、御廣間も、大ろさ内造作、繪ふとも出來
申候ニ、無是非義共ニて御座候、將亦、我ホ名字、前之ニ罷成候間、其御心得被成可被下
候、以上、

去廿一日毛利秀就屋敷ヨリ出火伊達鍋島ノ屋敷類焼シ家久屋敷ニ火移ル風強ク防火叶ハズ

家久妹親子島津忠興屋敷ヘ退避ス

土蔵ヘモ火入ル

火元ニテナキハ家久ニトリ然ルベキ事

近々板ニテ屋敷ヲ圍フ

正則在江戸

内〻申入度折節、御屋敷御留守居より人を被指上之由候間、致啓上候、
一、去廿一日之夜半之比、松平長門守殿(毛利秀就)屋敷ゟ火出候て、政宗(伊達)屋敷・鍋嶋(勝茂)屋敷、
又政宗新敷屋敷焼申ニ付て、貴殿様御屋敷へも火うつり申候、
一、御留守居三原諸右衛門殿(重種)・上井二郎左殿(里兼)、殊外被出精候へ共、風つよく御
座候て、中〻御屋敷かゝへ申義不罷成候、
一、右両人以才覚、貴殿御妹子(島津千鶴)御親子(伊集院忠眞女)乗物ニめさせ、何も御召仕之女房衆下〻
迄、無恙義、右馬頭殿(島津忠興)御屋敷へ御退候、
一、萬道具共、たくの土蔵へ入被申候へ共、右如申、風つよく御座候て、土蔵へ
も火入申候、何共笑止千万成義共まて御座候、然共、御屋敷ゟ火出不申、類
火之御事ニ御座候間、此上まても御ためニ可然存候、
一、御屋敷かこひの義、先、板まてやらて可被仕之旨、御留守居衆被申候、近比
尤と存候、
一、拙者事、いまた江戸ニ罷在候、相應之御用可承候、

家康鷹野ノ為關東へ出向ク
本多正信殊ノ外家久ニ肝煎ス

一、大御所様(徳川家康)、今月廿九日ニ駿河を被成　御立、關東御鷹野ニ被爲　成候、
一、本多佐渡守(正信)殿、今度之火事之義ニ付ても、貴殿様御事、殊外御肝煎にて御座候、委者、諸右・二郎左ゟ可被申候、恐惶謹言、

福島左衞門大夫
(元和元年)九月廿四日　正則（花押135）
嶋津陸奥守(家久)様
人々御中

家久ノ見舞ヲ謝ス

二二八〇　福島正則書状（折紙）

家康福島正則ノ端城普請ニ機嫌ヲ損ズ
正則ノ申開聞入レラル
御禮ノ爲出府セントス

猶以、遠路寄思召、御懇之御尋、一入大慶存候、自是も以使札も不申入、不始于今無沙汰之躰、御心底如何と存候、以上、

八月五日之御懇貴札、昨日於国本到來、忝致拜見候、如御書中、去春手前端城普請申付候とて、　御所様(徳川家康)以(外脱)ニ御機嫌損申候、然共、輝元(毛利)代之城所ゟ、今程者少々破申ニ付而、右之段申上候處、被　聞召分候、就其、右之御礼爲可申上、

ルモ途中ニテ差留メラレ歸國ス
息福島忠勝ヲ差上ス用意ヲス
家久駿府ヘノ見廻ヲ來春迄延期ス

去月初ニ備前之内牛窓（邑久郡）迄罷上候処ニ、可相延旨、本上州（本多正純）ゟ申來ニ付而、」彼地ゟ歸国仕候、併、今程せがれ（福島忠勝）為御礼可指上、其用意を申付候、依其、我ホ年内者致在国候、貴殿御事も、駿河への御見廻、來春迄相延申之様ニ承候、先以目出度存候、上方筋相應之御用、無御隔心可承候、恐惶謹言、

（福島）羽柴左衛門大夫

正則（花押136）

（慶長十四年）十月十日

（島津家久）羽柴陸奥守様

御報

二二八一　酒井忠世書状（折紙）

江戸屋敷類燒ヲ見舞フ

家久歸國ノ祝儀ニ秀忠ヘ使者ヲ遣ハス

家康鷹野ノ爲江戸ニ著

猶以、類火ニて御屋敷中燒申儀、書中ニ難申上候、

貴札忝拜見仕候、被仰（如脱カ）下候、今度大坂早々被仰付、御下国被成、依之、為御祝儀御使者被進候、本佐（本多正信）渡致相談、具令披露候處ニ、一段御機嫌被思召、御内書被為成候、將亦、大御所（徳川家康）様、為御鷹野、今月十日至于江戸御着座被成、兩（徳川家

（康・同秀忠）
上様御機」嫌殘所無御座候間、御心易可被思召候、此表相應之御用ホ御座候

ス

者、可被仰下候、疎意存間敷候、尚、來春御下向可被成旨、其節以貴面旁ゝ可

家久來春參府ノ積

得御意候間、不能具候、恐ゝ謹言、

酒井雅樂頭

忠世（花押137）

（元和元年）
十月廿四日

〔島〕□津陸□□□〔奥守様〕
（家久）
尊報

一二八二　松平定勝書状（折紙）

以上、

御札拜見、本望之至存候、如仰、大坂思召侭ニ罷成、大慶、何方も御同前之儀

家久大坂落居ニツキ家康秀忠へ使者ヲ遣ハス

共候、就其、駿府・江戸へ御使者被指下之旨、御尤奉存知候、誠ニ此地御逗留

中者、手前取紛、爲何御馳走も不仕、迷惑至極存候、舟中御無事ニ被成御下國

琉球酒

之由、目出度」奉存候、殊、爲御音信、琉球酒一壺、被懸御意候、毎度御心付之

段、書中ニ御礼不得申候、委曲御使者へ申含候条、不能一二候、恐惶謹言、

(元和元年)霜月廿五日　　松平隠岐守

定勝(花押138)

嶋津陸奥守(家久)様
貴報

家康病ム
家久見舞ノ為駿府へ参上ス
家久家康並ニ秀忠ニ目見得ス
家久江戸へ下向ス

二二八三　本多正信書状(折紙)

以上、

大御所様(徳川家康)御煩ニ付而、存候ゟ早ヽ参上被成候、御造作御苦労共、書中ニ難申上候、併、両　御所様(徳川家康・同秀忠)へ御目見被成、御仕合残所無御座候由、被仰下候、乍恐、拙者一人之様ニ大慶奉存候、此地へ御下向可被成之由、示被下候間、弥可奉」得尊意候条、早ヽ御請申上候、恐惶謹言、

(元和二年)三月廿五日　　本多佐渡守

正信(花押139)

嶋津陸奥守(家久)様
〔御報〕□□

家久秀忠ヨリ脇指等ヲ拝領シ賜暇サル

福島正則家康ヨリ腰物等ヲ拝領ス

正則家康ノ寝所ニ召サレ言葉ヲ掛ケラル

二二八四　福島正則書状（竪紙）

猶以、昨日之御仕合、加様之目出度御事無御座候、何事も〱以面可申出候、以上、

今朝者御使者被下、忝存候、昨日者、土井大炊殿(利勝)被成　御使ら、吉光御脇指・御服・御馬御拝領之由、其上御暇出申候旨、重ゝ目出度存候、御使者ニて承ニ付て、疾御悦不申入候、我ホも、正宗ノ御腰物并銀子千枚致拝領、御礼ニ罷上候処ニ、御寝被成候　御座敷へ被　召出、重畳忝御意ニて、御盃なと被下、仕合残所無御座候、貴様いつ比可被成御立候哉、何も御上り之内ニ参候て、可得御意候、恐惶謹言、

卯月二日(元和二年)　　正則(福島)（花押140）

(端裏ウワ書)「嶋津陸奥守(家久)様　　正則

人ゝ御中　　福嶋左衛門大夫」

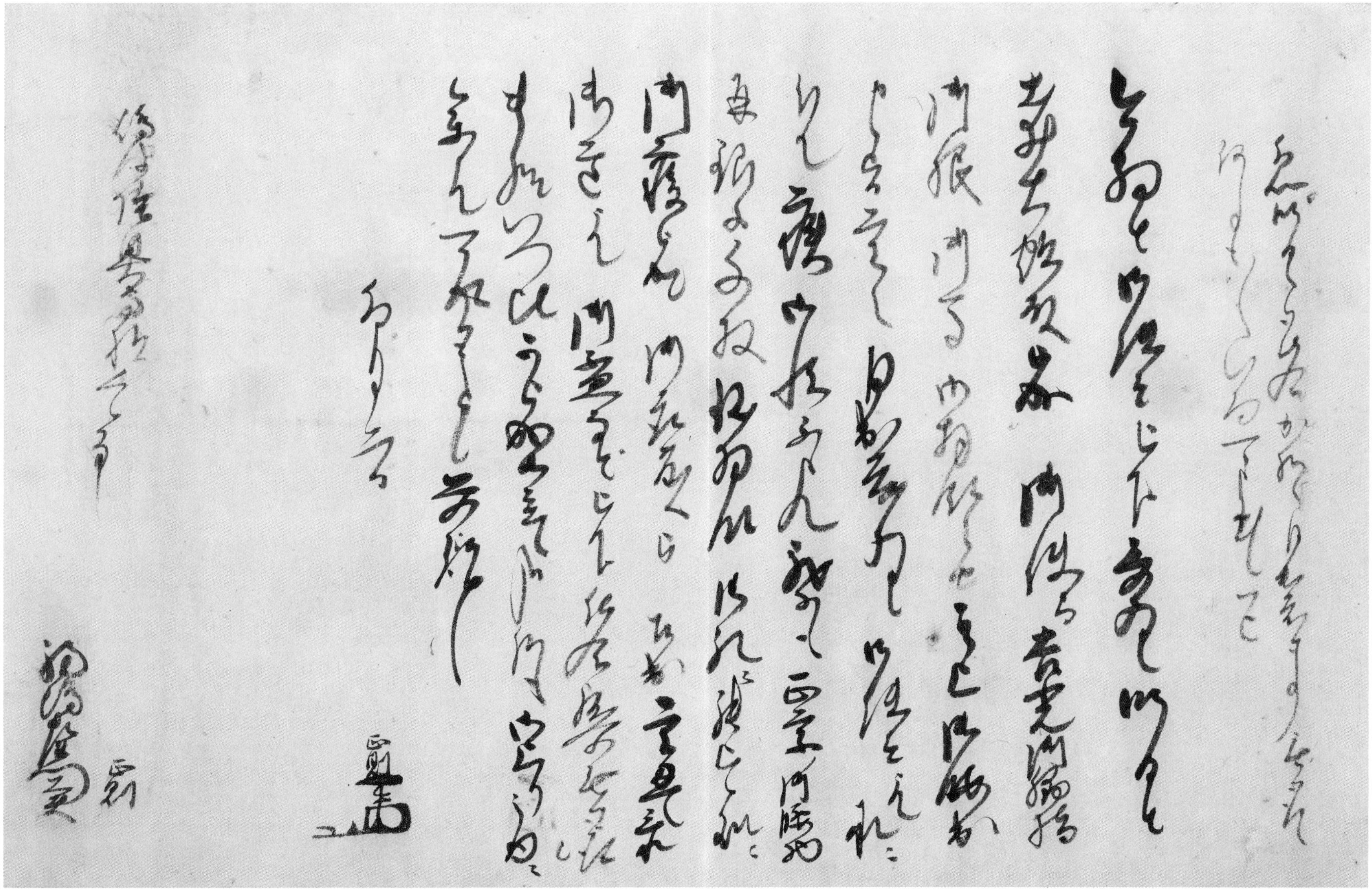

福島正則書状

（第二二八四號）

原寸 縦三五・〇糎 横五五・八糎

家康薨去

秀忠駿府ニ留マル

家久ノ駿府下向ハ在京諸大名ト同然ガ良カラム

二二八五　松平定行書状（折紙）

急度令啓上候、相國様（徳川家康）、今十七日未之刻、被成御他界候、何共可申上様も無之候、將軍様（徳川秀忠）還御之儀、未四五日も爰元御逗留之由、申習候、將又、爲御見廻、被成御下向候儀、其地京都ニ御大名衆御逗」留之由承候間、何も御下向候者、御同前（然）ニ被成御下候ても可然ろと存候、駿州（山口直友）ゟと談合仕候て、重而御左右可申達候、恐惶謹言、

松平河内守

卯月十七日（元和二年）　定（定行）（花押141）

嶋津陸奥守（家久）様

人々御中

二二八六　山口直友書状（折紙）

急早ゝ中入候、以上、

家久ノ歸國ハ他ノ大名ノ様子ヲ聞合ハスガ良シ

細川忠利家康薨去ニツキ出府ノ積リ

本多正純竝ニ土井利勝ノ差圖次第ニ出府ス

急度申入候、　上様(徳川家康)御他界被成候、其通、奥州様(島津家久)へ以書状申上候、爰元之様子承合、追而御注進可申候、奥州様御下之事、各〻御歸國之様子御聞合候而、尤存候、」御下之段も、爰元承合、自是御注進可申候、猶、從御兩人(――)可被申入候、恐惶謹言、

(元和二年)四月十七日　　直友(花押142)

山(山口)駿河守

伊兵少様(伊勢貞昌)

人〻御中

二二八七　細川忠利書状(折紙)

尚〻、江戸・駿河御用之儀候ハヽ、可被仰越候、已上、

相國様(徳川家康)、昨日十七日ニ被成御遠行候、拙者事も、從是江戸へ可罷下と存候、併、上野殿(本多正純)・大炊殿(土井利勝)可爲御差圖次第候、多分罷下ニ而可有御座候間、猶、從彼地可申入候、恐惶謹言、

（元和二年）
卯月十八日　　細（細川）内記
忠利（花押143）
（島津家久）
嶋奥州様
人ゝ御中

家久家康薨去ニツキ駿府下向ヲ望ムモ所司代ニ留メラル
本多正信同正純ヘ弔使ヲ遣ハス
在江戸ノ大名悉ク帰國ヲ命ゼラル
寺澤廣高モ賜暇

二二八八　寺澤廣高書状（折紙）

去月廿日之尊札、致拝見候、相國様（徳川家康）御他界之由、去月廿日、於京都被成御
聞、是非共可被成御下由被仰候へ共、板倉伊賀殿（勝重）奉まて、何も御参之儀御無
用之由、被仰ニ付て、本佐渡殿（本多正信）・本上野殿（本多正純）迄御使者被進之由、御尤候、爰元ニ
被罷居候衆をも、悉帰国之儀被　仰出候条、寅前より御上之衆、猶以其通ま
て可有御座候間、」御帰国尤奉存候、拙者式事も、昨日　御暇被下、早ゝ帰国
可仕旨ニ御座候間、頓而可罷上候、何も唐津より可得御意候、恐惶謹言、
（元和二年）
五月四日　　寺（寺澤）志广守
廣高（花押144）

（島津家久）
嶋陸奥守様
　尊報

二二八九　琉球中山王尚寧請狀（切紙）

子孫ナカラバ王位ハ佐敷王子ニ相續サスベシ
琉球ノ置目ハ薩摩ト熟談スベシ
三司官ハ佐敷王子ニ惣別相談スベシ
明國トノ交易ニ益々入精スベシ

覺

一、王位、御子孫向後於無之者、佐敷之息（朝昌）ニ相續可然存候事、

一、琉球国之諸置目、佐敷王子被聞、節ゝ以渡海、日本与琉球之樣子被致懃談候樣ニ於被相定者、可然存候、然者、三司官者、如前ゝ不相替、惣別之儀ヲ佐敷可被聞事、

一、大明与琉球商船往還、純懃之調達、弥可被入精事、

以上、

右之条ゝ、慥承届候、聊疎意不存□（得）者、申付候畢、
候
（元和二年）六月十五日
（尚寧）中山王（花押145）

本多正信卒ス
家久香奠ヲ送ル
本多正純香奠ハ何方ヨリモ受取ラズ

唐船ハ何方ニテモ船主次第ニ商賣スベシ
下々ニ至ル迄切支丹宗門制禁ニ念ヲ入ルベシ

二二九〇　本多正純書状（折紙）

以上、

佐渡守（本多正信）就被相果候、従嶋津陸奥守（家久）様御使者御下被成、為香典、銀子百枚送被下候、誠遠路被入御念、忝奉存候、併、何方之も留置不申候間、則返進仕候、陸奥守様へ者、態御返事不申上候、能様ニ被仰上、頼入存候、恐々謹言、

（元和二年）九月十二日　本多上野介

正純（花押146）

伊勢兵ア（貞昌）少輔殿

二二九一　江戸幕府年寄連署奉書（折紙）

追而、唐舩之儀者、何方へ着候とも、舩主次才商買可仕之旨、被仰出候、以上、

急度申入候、仍、伴天連門徒之儀、堅御停止之旨、先年　相國（徳川家康）様被仰出之上者、弥被存其旨、下々百姓已下ニ至迄、彼宗門無之様ニ、可被入御念候、將亦、

黑船ニいぎりす船ハ切支丹宗門故著岸セル船ハ長崎平戸ヘ廻漕サスベシ

黑舩・いきりも舟之儀者、右之宗躰候之間、至御領分ニ着岸候共、」長崎・平戸へ被遣、於御領内賣買不仕様ニ、尤候、此旨、依　上意、如斯候、恐々謹言、

（元和二年）
八月八日

安藤對馬守
重信（花押147）
土井大炊助
利勝（花押148）
酒井備後守
忠利（花押149）
本多上野介
正純（花押150）
酒井雅樂頭
忠世（花押151）

嶋津陸奥守（家久）殿

江戸幕府年寄連署奉書

（第二二二九一號）

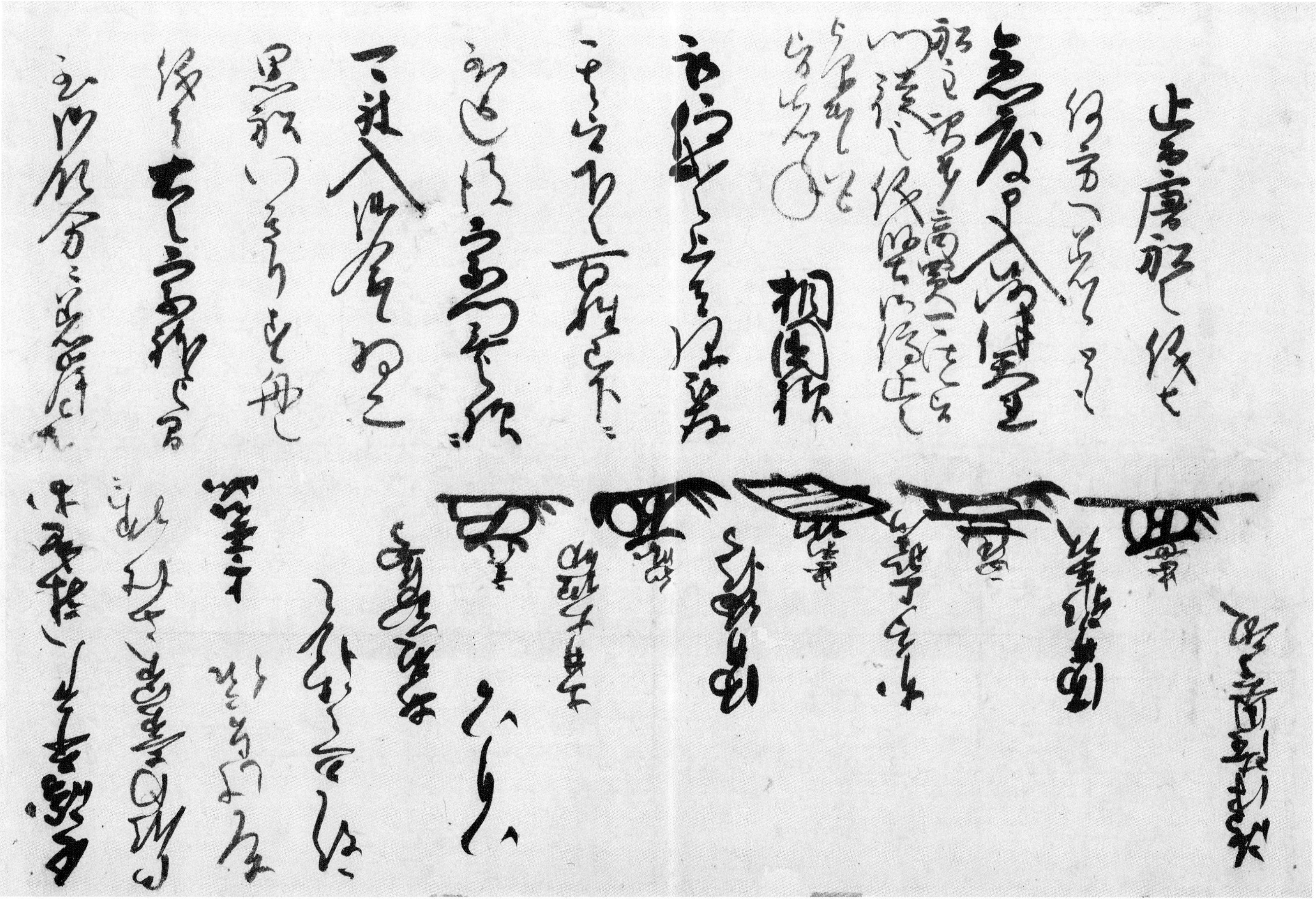

原寸 縦三四・七糎 横五二・四糎

幕府觸狀ヲ後證ノ爲軸裝ス

二二九二　島津家久書付（切紙）

此御觸狀、爲後證、成一軸置者也、

元和三年三月十一日家久（島津）（花押152）

佐敷王子朝昌薩摩ニ上リ琉球ノ置目ヲ仰付ケラル

二二九三　琉球中山王尚寧書狀（竪紙）

態呈愚翰、今度尓復御繁栄之由、千祥万喜、至祝珎重、尤早〻可伸御祝儀處、遠路之故延引、背本懐候、然者、如被仰下、佐敷（朝昌）令致上國候、諸篇爰元之御置目等可被役（仰）付候者、万幸〻〻、隨而、不腆之祝物、錄于別楮、尚、委曲、御使節上國之刻可申伸之条、閣筆而已、誠恐誠惶不宣、

（元和三年）季春廿六日　　中山王（尚寧）（花押153）

進上　羽林家久（島津）公

（封紙ウハ書）

「　　琉球國

進上　羽林家久公　　中山王」

西洞院時直家久ノ参府ヲ見廻フ

二二九四　西洞院時直書状（折紙）

返々、先日者御懇情之義共、難申盡候、

今度者、切々得御意、忝存候、先々天氣能御座候而、弥重ニ奉存候、江戸ニ而之御仕合も、残所御座有間敷と奉察候、猶、御上洛之刻可申伸候、恐惶謹言、

西洞院少納言

時直

（元和三年）
卯月廿一日

（島津家久）
嶋奥州様

人々御中

以上、

家久日光社参

二二九五　本多正純書状（竪紙）

尊札拝見、忝奉存候、仍、今度日光へ御登山被成候付而、御馬・御夜物・御蚊屋

致進上候之處ニ、御珎重被思召之由御使札、忝奉存候、何も此地御歸路之刻、
致伺公、万ミ可得尊意候間、不能一二候、恐惶謹言、

（元和三年）
五月九日　　　　　　正純（花押154）

本多上野介

「（端裏結封ウハ書）
（墨引）　嶋津陸奥守（家久）様　尊報　　正純」

一二二九六　本多正純書状（折紙）

家久秀忠へ端午祝儀ヲ進上ス

以上、

（徳川秀忠）
公方様ゟ、爲端午之御祝儀、御帷子被成御進上候之處ニ、　御内書被進候之
間、則進申候、恐ミ謹言、

本多上野介

（元和三年）
五月十六日　　　　正純（花押155）

嶋津陸奥守（家久）殿

珍看兩種贈ラルルヲ謝ス

本多正純眞桑瓜ヲ贈ル

〔御文書　家久公十九 三十三通　巻廿四〕

二二九七　西洞院時慶書状（竪紙）

（本多正純）
返々、本上州ゟ被遣之由候、別而過分之義候、

此兩種、珎肴、被思召寄、被送下候、則、賞翫無他候、爰元海邊遠路、今程生味奇特之義、感悦仕候、何樣、後顏節可申謝候、恐々謹言、

（元和三年）
七月九日　（西洞院）時慶

（洞）
西遠

（結封ウハ書）
「（墨引）　（島津家久）島奥州樣
人々　（マヽ）　時慶」

二二九八　本多正純書状（折紙）

猶以、片少ニ者御座候へ共、本眞桒ニ而御座候間、瓜一箱進上申候、御賞味忝可奉存候、以上、

家久霍亂ニツキ見舞ノ上使遣ハサル
家久御禮ノ爲明日登城
秀忠廿一日ニ參內ス
家久御供ノ事ヲ指圖サル

尊札忝致拜見候、仍、御靏（霍）亂氣御快氣之由、目出度奉存候、然者、一昨日御上使被遣候、隨而、爲御礼、明日御登城可被成之由、御尤御座候、然而、御參　內御日限之儀、被仰下候、來廿一日ニ而御座候間、內々其御」意得被成、御供被成、御尤ニ御座候、何も、此地御座被成候節、期拜顏可得尊意候之間、書中不能一二候、恐惶謹言、

（元和三年）
七月十四日　　本多上野介
　　　　　　　　正純（花押156）

嶋津陸奥守（家久）樣
　尊報

秀忠家久ニ見舞ノ使者ヲ遣ハス
板倉勝重家久ノ霍亂ヲ

二二九九　板倉勝重書狀（折紙）

尚以、　（德川秀忠）公方樣よゟ御使乃いり候由、目出珎重奉存候、御靏（霍）亂氣よく〳〵御養生、御出仕可然奉存候、猶、重而以貴面、萬事可得尊意存申候、

如貴札、此間者不得貴意無音、背本意存候、然者、御靏（霍）亂氣之由不存、以書狀

見舞フ

不申上候、申迄無御座候得共、無御油斷御養生、肝要ニ奉存候、將又、御參
內之儀、弥廿一日ニ相極申候条、可被成其」御心得候、猶、追而可申上候間、不
能具候、恐惶謹言、

板倉伊賀守
勝重（花押157）

（元和三年）
七月十七日
嶋津陸奥守（家久）様
貴報

家久ノ參議
昇進ヲ賀ス

家久宗善亭
ニテ裝束ヲ

二三〇〇　西洞院時慶書狀（竪紙）

返ヽ、被入御念、早々承候段、難申謝候、明日之義、相應之事可承候間、可被申入候、吳ヽ
御滿足義候、直ニも雖可申入候、却而御繁多中ニ候間、貴庵迄令申候、

從是內々可申候処、少納言（西洞院時直）迄御狀御言傳、本望候、先以、奥州（島津家久）御昇進之義、昨
日於伏見も承候、珍重之義、大慶ヽヽ此事候、昨夕歸京、無正躰草臥申候、怠
慢遲引段、所存外ニ候、將又、明日御參　內、此邊ニて御裝束可被成ゟと存候

改メ参内ス

処、宗善へ御出之由、御残多存候、萬〻能〻御傳達、所希候、謹言、

（元和三年）
七月廿日　（西洞院）時慶

「（結封ウハ書）
（墨引）　（津田）休甫老 西洞宰」

家久西洞院時慶ニ太刀馬ヲ贈ル

二三〇一　西洞院時慶書状（竪紙）

追而、（津田）休甫迄令申候間、可申入候、

先刻者預御尋候、御懇意至候、折節伏見へ罷越、不能芳顔、千万〻〻御残多存候、殊更、太刀一腰・馬一疋、被懸御意候、過分義共ニ候、只今歸宅候條、先爲御礼如此候、何様、貴面之節可申伸候間、不能詳候、恐々謹言、

（元和三年）
七月廿三日　（西洞院）時慶

「（捻封ウハ書）
（墨引）　島津陸奥守殿（家久）　時慶」
玉机下

西洞院時直家久ヲ茶會ニ招ク

家久後陽成上皇ノ不例ヲ見舞フ豫定

後陽成上皇少シ驗ヲ得ル

腫物

御膳ヲ聞召ス

二三〇二　西洞院時直書狀（竪紙）

返〻、七日ニ者、かならす〳〵、奉待候、

先刻者御返事、忝奉存候、仍、來七日晝、御茶申入度存候、幸仙洞（後陽成上皇）御見廻ニ御出被成候義候間、必〻被懸御意候者、可忝候、爲其如此候、恐惶謹言、

西洞院少納言

（元和三年）八月五日　時直

（島津家久）嶋相公樣

人〻御中

（捻封ウハ書）「（墨引）　時直」

二三〇三　西洞院時直書狀（竪紙）

返〻、昨日者、何之御風情も無之候て、無念ニ存□（候）、

今朝者早〻御出、忝奉存候、則、仙洞（後陽成上皇）へも申上候、御樣躰、夜中者、此中より散〻あしき候つるか、先程より御氣色も、御腫物之樣躰も、此中より能御座候而、御膳もあかり候間、可御心易候、かやうの目出度事無御座候、猶、拝面

家久西洞院時直ニ後陽成上皇ノ容態ヲ切々伺フ
後陽成上皇今朝ノ氣色並ニ脈一段ト良シ

之刻、可得御意候、恐惶頓首、

（元和三年）
八月八日
西洞院少納言
時直

「（捻封ウハ書）
（墨引）
（島津家久）
嶋相公様
人〻御中
時直」

二三〇四　西洞院時直書状（竪紙）

猶〻、御心も、今日者よく御座候由、仰ニ候間、可御心易候、

先刻御見廻之通、御披露申上候へハ、切〻御出之事、御感此事候、夜前、二色も則進上仕候へハ、相心得可申入由候、今朝之御氣色、御脉、一段よき通候、猶、期貴面候、恐惶謹言、

（元和三年）
八月九日
西洞院少納言
時直

「（端裏捻封ウハ書）
（墨引）
（島津家久）
嶋奥州様
人〻御中
時直」

後陽成上皇半刻程近臣ト物語ス

脚氣

腫物ニ灸治

二三〇五　西洞院時慶書状（竪紙）

追而、御膳も頓而可上申候由候間、目出度存候、今朝者暫御物語、半時程も被成候、
結句、御時〔伽〕之衆草臥申候由候、一咲〳〵、

毎日御見舞之義、御感ニ候、今朝御様躰、専御氣相能御座候、其上、御脚氣事、
三色四色無之様ニ仰ニ候、又、御腫物之躰も、腫上、口より膿出申候、灸被成
候へハ、大氣被成御覺、暑候とて灸を被落候程ニ候、彼是以御吉左右共候間、
此分ニ候者、御別義在之間敷候、可被御心安候、恐ゝ謹言、

（元和三年）八月九日　（西洞院）時慶

（端裏結封ウハ書）「（墨引）
（島津家久）嶋相公様　時慶」

二三〇六　西洞院時直書状（竪紙）

返ゝ、ゟの御本御持參可被成候、

（後陽成上皇）
仙洞御氣色、一段よく御座候間、可御心易候、仍、彼文字讀之事、其方様次第
御出、奉待候、何時ニ御座候ハん哉、内ニ無相違可奉待候、御報所仰候、恐惶
頓首、

西洞院少納言

（元和三年）
八月十日　　時直

（端裏結封ウハ書）
「（墨引）
（島津家久）
嶋相公様
人々御中　　時直」

二三〇七　西洞院時直書状（竪紙）

西洞院時直昨夕ノ續キニ家久ヲ招ク

返々、今朝之御使之通、申上候、

（後陽成上皇）
院御所様、弥　御氣色能御座候間、可御心易候、晩ニ御透候者、昨夕之残可仕
候、但、御指合候者、余所ヘ罷出候ハん間、御返事ニ待入候、恐惶頓首、

西洞院少納言

（元和三年）
八月十一日　　時直

（捻封ウハ書）
「（墨引）　（島津家久）嶋奥州様　人〻御中　時直」

二三〇八　西洞院時慶書状（竪紙）

西洞院時慶後陽成上皇ノ容態ヲ報ズ
灸治

不可及返事候、悪布躰、憚入候、

（後陽成上皇）
院御所様今朝之御様躰、弥能御座候、第一、御脉動數引、和中態申入候、仍、候、御腫物者、少あろり申候、又、灸治針刺申候処、膿血出、色も能相見申候、御肩も少輕様ニ被成御覺候旨、被仰候間、可被御心安候、切〻御見舞、被成機遣候間、細〻内〻申入候、恐〻謹言、

（元和三年）
八月十一日　（西洞院）時慶

（端裏結封ウワ書）
「（墨引）　（島津家久）嶋相公様　時慶」

二三〇九　西洞院時直書状（竪紙）

猶、懸御目候而、可得貴意候、

後陽成上皇ノ氣色良シ

昨日者、御酒をもゑゝく不申入、御残多奉存候、仍、(後陽成上皇)仙洞御氣色能御通ニ候間、可御心易候、晩程被成御出候ハん由、奉待候、恐惶頓首、

西洞院少納言

(元和三年)八月十三日　時直

(捻封ウハ書)
「(墨引)　(島津家久)嶋相公様
人々御中　時直」

家久理性院訪問ヲ延期ス

二三二〇　理性院觀助書狀（折紙）

今朝者可被成御光儀旨、先々御延引之由、得其意候、其許御透節、奉待存候、先、使札を以申入候、恐惶謹言、

已上、

(元和三年)八月十八日　觀助

(島津家久)松平宰相殿
人々御中

後陽成上皇ノ容態

葛ノ汁並ニ赤小豆食ヲ上ガル

脈ニ澁氣ナシ

針治灸治アリ

二三一一　西洞院時慶書状（竪紙）

切々御肝煎之義候間、細々申入候、

昨日者、被成御立候節、奥隙入申候而、御暇乞不申、御残多存候、仍、院御所（後陽成上皇）様御様躰、今曉、葛之汁、御茶碗ニ二三餘上、又、赤小豆食、御茶碗一上申候、御氣相も能、御脉躰、今朝澁氣無之、能御心ニ候由、延壽院（由直瀬正紹）も被申候、又、御腫物之躰も、口開心ニ候、針立申候、御覺候、又、灸治も御覺候て、火氣を後々者落申候間、此分候、猶、御吉左右可申入候、恐々謹言、

（元和三年）八月十九日　（西洞院）時慶

西洞右衞門督

（端裏捻封ウハ書）

「（墨引）（島津家久）嶋相公様　時慶」

以上、

二三一二　本多正純書状（折紙）

後陽成上皇崩御
本多正純秀忠ヘノ機嫌伺ハ諸大名竝トセル様指南ス
指圖セル迄機嫌伺ハ見合ハス様指南ス

尊札拜見、忝奉存候、如御紙面之、昨日者終日御伺公、御苦勞之段、奉察存候、
然者、昨日　院(後陽成上皇)御所様崩御被爲成候付而、左様之通、　公方様(徳川秀忠)へ諸大名衆
ゟ被仰上候者、各並可被仰上之」之由、奉存其旨候、諸大名衆ゟ被仰上候者、
其段可申進之候、其内ハヽ、先ゝ御延引可被成候、何も、追而可得尊意候間、不
能一二候、恐惶謹言、

本多上野介
　正純（花押158）
(元和三年)八月廿七日
嶋津陸奥守(家久)様
　尊報

安藤重信使者トシテ上洛ス
家久松平姓ヲ賜ハル

二三一三　安藤重信書状案（折紙）

以上、
一書致啓上候、昨日者預御尋候處、爲御使京都へ罷越、不得貴意候、將又、御
仕合殘所も無御座、被任松平、御満足被思召之旨、奉得其意候、於拙者も、大

慶不過之候、隨而、爲御祝儀、御太刀一腰・御馬代銀子三拾枚、被懸御意候、誠
以、幾久目出度奉存候、猶、貴面」旁ゝ可得尊意候間、不能審候、恐惶謹言、

安藤對馬守

重信書判

（元和三年）
九月二日

（家久）
嶋津陸奥守様
人ゝ御中

二三一四　米津田政書状（折紙）

家久京都ニ逗留ス

家久ヨリ茶碗ヲ贈ラル

口切ニ用フ

以上、

御状拝見、過分奉存候、然者、（徳川秀忠）公方様御上洛ニ付而、未京都ニ被成御逗留候
由、得其意奉存候、將亦、御當地相替儀無御座候間、御心安可被思召候、次ニ、
御約束之茶碗、被思召出、被懸御意忝次第、」不得申上候、一段見事成茶碗ニ
而御座候、則、口切ニ出、別而満足仕候、猶、追而御礼可申上候条、不能一二候、
恐惶謹言、

(元和三年)
九月三日
米津勘兵衛(田政)
政(花押159)

(島津家久)
宰相様
[ ]

家久京都ヨリ歸國ノ途ニ就ク

二三一五　松平定綱書狀(折紙)

以上、

一筆致啓上候、昨日者御立寄、忝仕合ニ御座候、殊、緩〻と得尊意、大慶至極候、何方之風情も無之、御残多次第ニ御座候、途中迄も御暇乞ニ可致伺公候處、御舩ニ而御座候間、態延(遠)慮仕候、先爲御礼、以使者申上候、諸事、九州ゟ可得尊意候、恐惶謹言、

(元和三年)
十月八日
松平越中守
定綱(花押160)

(島津家久)
薩摩守様
人〻御中

義弘筋氣ヲ煩フ

家久在國

二三二六　本多正純書状（折紙）

以上、

乍幸便、一書致啓上候、仍、惟新様（島津義弘）、去二月中旬ゟ俄御筋氣指出申、以之外ニ
御煩被成候由、千万無御心元奉存候、御老病之儀ニ御座候之間、御機遣奉察
存候、併、貴公様其地ニ御座被成候之間、御養生之儀、殘所御座有間敷候之
条、早速御本複（復）可被成と奉存候、不及申上候へ共、能ゝ」御養生可被成候、將
又、此表相替儀無御座候、猶、伊集院半右衛門（久元）方ゟ可被申上候之間、不能一二
候、恐惶謹言、

本多上野介

壬（元和四年）三月五日　　正純（花押161）

嶋津薩摩守（家久）様
人ゝ御中

家久秀忠ヘ硫黄等ヲ進上ス
赤貝ノ鱁鮧
底取焙烙

二三一七　酒井忠世書状（折紙）

以上、

貴札拜見仕候、（徳川秀忠）公方様へ御國之硫黄五百斤、幷あか貝之ふし物一壺、其許ニ而被仰付候灰入・そことりほうろく、御進上被成候、具披露仕候處、被入御念候通、一段御機嫌ニ被思食、被遣　御内書候、弥従拙者万相意得可申入之旨、　上意ニ御座候、」尚、御使者可爲演説候条、不能詳候、恐惶謹言、

酒井雅樂頭

（元和四年）卯月九日　　忠世（花押162）

（島津家久）松平薩摩守様
貴報

「（糊封）松平薩摩守様　　忠世
貴報
（墨引）　　酒井雅樂頭」

家久義弘中風ニツキ參勤ヲ延引ス

秀忠一段ト心元ナク思フ

二三一八　土井利勝書状(折紙)

以上、

貴札之趣、拜見仕候、隨而、貴様御事、御息様(島津光久)御同心候而、早ゝ可被成御參勤御内存候処ニ、惟新様(島津義弘)御中風氣付而、被成御延引之由、得其意存候、先書如申上候、公方様(德川秀忠)一段無御心元被爲思召候、不及申上候」得共、無御油斷被成御養生候様ニ專要ニ御座候、委細者、御使者可爲演說之間、不能詳候、恐惶謹言、

(元和四年)五月六日　　土井大炊助
　　　　　　　　　　　利勝(花押163)

(島津)家久(様)□
　　御報

二三一九　西洞院時直書状(折紙)

猶ゝ、兵庫様御煩、無御心元候、御吉左右、所仰候、

曲直瀬玄由薩摩ヘ下向ス
西洞院時直義弘ノ病ヲ見舞フ

（曲直瀬玄由）
壽徳庵下向之由候間、一書申入候、先ゝ、兵庫頭殿（島津義弘）長ゝ御煩之由承、御機遣奉察候、不及申義ニ御座候へ共、御養生之事、専一ニ奉存候、近ゝニ御座候者、細ゝ御見廻可申入物をと、心中計よて候、頓而御快」氣候樣ニと、奉悅候、猶、期後音時候、恐惶頓首、

西洞〔院脱〕少納言
時直（花押164）

（元和四年）
六月四日
（島津家久）
松平薩广様
人ゝ御中

飛鳥井雅胤家久ニ鞠ヲ贈ル

雅胤義弘ノ病ヲ見舞フ

雅胤江戸ヨリ歸京ス

江戸城西丸ニテ鞠會　禁中ニテモ毎日鞠會アリ

〔御文書〕　家久公二十二十四通　卷廿五

二三三〇　飛鳥井雅胤書状（折紙）

猶々、爰許相應之御用等、可被仰付候、次々、鞠一顆令進献候、御慰ニ可被遊候、以上、

宗順被罷下候間、一書申入候、其以來者不能幸便、以書状も不申候、内々可爲
御上洛候處、兵庫頭（島津義弘）入道殿依御違例、御在國之由、御尤ニ存候、不及申候へ
共、御狼性之儀專一ニ奉存候、拙子も、去閏三月下旬ニ江戸へ罷下、當月初比
罷上候、江戸ニても、於西丸御鞠御座候キ、此比　禁中ニも毎日御鞠被遊
候、御噂ふとも被　仰出候、猶、御上洛之節、万々可得賢意候、恐惶謹言、

（元和四年）六月十三日　（飛鳥井）雅胤

（島津家久）松平薩摩守様
人々御中

二三三一　寺澤廣高書状（折紙）

義弘ノ病快方ニ向フ

態令啓上候、爲重陽之御祝儀、御小袖一重進入申候、誠御祝詞迄ニ御座候、爰元、　御前其外、珎儀も無御座、御屋敷一段御無事ニ御座候、惟新公(島津義弘)御煩、弥御快氣之通、御屋敷へ之便宜ニ承、大慶存候、」何茂、重而可得御意候、恐惶謹言、

(寺澤)寺志广守

廣高（花押165）

(元和四年)八月二日

(島津家久)松薩州様

人々御中

一三二二　板倉勝重書状（折紙）

以上、

義弘驗氣ヲ得ル

曲直瀬玄由歸京ス

家久來春參府ノ豫定

去月十六日之御状參着、拜見申候、惟新様(島津義弘)御煩御驗氣之由、尤目出度存候、就其、壽徳庵(曲直瀬玄由)、爰元まて被入御念被添御送、忝存之由申候、誠拙者式迄大慶存候、來春江戸へ可被成御下候由候間、其刻以面可申達候条、不能詳候、恐惶謹

言、

（元和四年）
九月十八日
（板倉）
板伊賀守
勝重（花押166）

（島津家久）
松薩州様
御報

二三二三　松平定綱書状（折紙）

家久御内書ノ御禮ニ伊勢貞昌ヲ出府サス

秀忠貞昌ヲ前ニ召シ懇ノ上意アリ

貞昌江戸ニ逗留ス

尊書拝見仕候、惟新（島津義弘）様御煩、御同邊ニ御座候由、御氣遣奉察候、寂前御内書被成遣候爲御礼、伊勢兵部少輔（貞昌）被爲下候、即、本上州（本多正純）御披露候處、一段　御機嫌能、御前へ被召出候、御懇成　上意御座候、御心易可被思食候、將亦、私へ御太刀・御馬代銀子卅枚幷琉球酒一壺、被送下候、被入御念候旨、忝次才存知候、」随而、九州何茂御無事候之由、被仰聞候、珎重奉存候、於爰元、各相替儀無御座候、兵部少輔此地逗留被仕由候条、諸事申談候、猶、従是可得尊意候条、不能具候、恐惶謹言、

松平越中守

定綱（花押167）

（元和四年）十月十日

（島津）家久様

御報

二三二四　本多正純書状（折紙）

家久義弘煩ニツキ醫師ノ下向ヲ京都所司代ニ申入ル

以上、

尊札拝見、忝奉存候、仍、（島津義弘）惟新様御煩ニ付而、醫師之儀、（板倉勝重）板伊州迄被仰入候之處ニ、則、（曲直瀬玄曲）壽徳庵其地被罷下、無御由（油）斷御養生被成候故、此比被爲得御快氣之由、誠以目出度奉存候、御紙面之趣、懇申上候、然而、此表相替儀無御座候之間、御心安可被思」召候、何も此地相應御用可被仰付候、不可奉存疎略候、委細、伊勢兵部少（貞昌）方可被申上候条、不能一二候、恐惶謹言、

（元和四年）十月十一日

本多上野介

正純（花押168）

（島津家久）
松平薩摩□□（守様）
尊報

二三二五　飛鳥井雅庸書状（折紙）

鞠並ニ薫物ヲ贈ル

黒方

勅方

将亦、蹴鞠之次才、先度御不審之事有之由承候、以一書可被仰下候、懇ニ注候而可参候、急候間、書中尚ヽ令申候、以上、

先度者珎札拝讀、殊ニ、種ヽ被懸御意候、御懇意之段、恐悦之至候、鞠細ヽ張行仕候、旦暮御上左耳申事候、仍、此鞠一顆、令進覧候、可然鞠於有之者、重而又進上可申候、次、黒方令調合候間、進献候、　勅方ゟ」宜と被思召候ハヽ、重而」可被仰下候、來春者早ヽ御上洛、奉待候、猶、期　後音可申伸候、恐ヽ謹言、

（元和四年）
霜月十五日　　（飛鳥井）雅庸（花押169）

（家久）
嶋津羽林様
人ヽ御中

二三二六　松平定勝書状（折紙）

松平定勝上意ニヨリ家久ト縁邊ヲ結ブ

以上、

遠路被入御念、御使札、殊、三種・諸白大柳三荷、被懸御意、別而忝奉存知候、然者、以　御諚御縁邊ニ罷成候儀、大慶不過之存候、來春者江戸へ被成御下向之由、其節」以貴面可得御意候条、早ゝ及御報候、恐惶謹言、

隠岐守

（元和四年）極月十五日　（松平）定勝（花押170）

（島津家久）薩州様　貴報

二三二七　本多正純・土井利勝連署狀（折紙）

家久出府シ越年ノ豫定
家久息島津忠朗近日參府ス

以上、

尊書之趣、拜見仕候、仍、（徳川秀忠）公方様還御之節、諸大名御暇ニ而御座候者、貴公様御事、當年ハ御下候て、江戸ニ而可被成御越年由、尤存候、將又、御子息様（島津忠朗）御事、頃者漸御氣色能御座候間、近日御下候様ニと承候、是又尤存候、將又、」

家久妹ハ歸國ス

御妹様（島津千鶴）之御事、早ゝ御上可然存候間、御迎被下候時分、御留守居衆迄、書状を以可申入候、次、御妹様之儀、一段尤存候間、聊疎意不存候、兵ア少輔（伊勢貞昌）方、爰元へ可被成御越候、其時分、委可申上候、恐惶謹言、

（元和五年）
二月十九日　　土井大炊助
　　　　　　　　利勝（花押171）
　　　　　　本多上野介
　　　　　　　　〔正純〕□（花押172）

松平薩摩様（島津家久）
　　尊報

禁裏ニテ打續キ能催サル

家久上洛

二三二八　飛鳥井雅庸書状（折紙）

猶ゝ、大坂迄、爲御迎罷下申度存候へ共、打續　禁裏御能御座候而、御無沙汰罷成、迷惑申候、以上、

御上洛、珎重奉存候、早ゝ以參御見廻可申入候得共、今日者、　禁中和哥之御

飛鳥井雅庸禁中和歌御會ニ伺公ス使者ニテ家久ヲ見舞フ

會御座候而、伺公申候、餘延引罷成候条、先ゝ以便（使カ）者申入候、仍、任到來、諸白兩樽并一種」令進覽候、何も、以參可得賢意候、恐惶謹言、

（元和五年）
卯月七日　（飛鳥井）雅胤

（島津家久）
松平薩摩守樣
人ゝ御中

小幡秀長禁裏御能ニ出仕ス
家久理性院ヲ訪フ

二三二九　廣橋兼勝書狀（折紙）

猶ゝ、御能、當月廿七日・廿八日兩日、被仰付候間、此旨、長門ㇸ可被仰付候、かしく、

御上洛之由、珎重存候、以參可申入之處、御隙時分不存候間、令遠慮候、然者、禁中御能、小幡長門（秀長）ㇸ被仰付候間、從貴殿、猶被申付、御進上尤候、將亦、今日理性院へ御出之由、大慶存候、院主（觀助）、別而滿足ㇸ可存候、何樣」以面謁萬ゝ可申述候、恐ゝ謹言、

（元和五年）
卯月十五日　（廣橋）兼勝

（家久）
嶋津薩摩守殿

家久ニ一軸ヲ贈ル

二三三〇　興意入道親王書状（折紙）

昨日者、爲一軸之御礼芳札、令祝着候、可有御祕藏之由、別而満足申候、猶、重而以面談、万ゝ可申入候条、不能詳候、かしく、

（元和五年）五月朔日　（興意入道親王）（花押173）

（島津家久）松平薩摩守殿

板倉勝重所勞
京都ニテ福島正則ノ事ニツキ風聞立ツ
勝重江戸ヨリノ書状ヲ寫シ家久ニ屆ク
江戸ヘノ飛脚ハ無用

二三三一　板倉勝重書状（竪紙）

猶ゝ、今分ニ候ハヽ、やろて快氣可仕候間、以參可得貴意候、以上、

先剋者、預御使者候、氣相惡敷御座候而、引籠罷在ニ付而、跡ニて承候、然者、福嶋左衛門大夫殿（正則）之儀、爰元下ゝニて風聞申候様躰被及聞食、無御心元思召候由、被仰越候、則、江戸年寄衆ゟ參候書状、爲御披見、写進之候、就其、江戸へも人可被遣由、承候、早右之様子相濟候由ニ御座候間、御飛脚被遣候儀、必

西洞院時慶書状

（第二三三一一號）

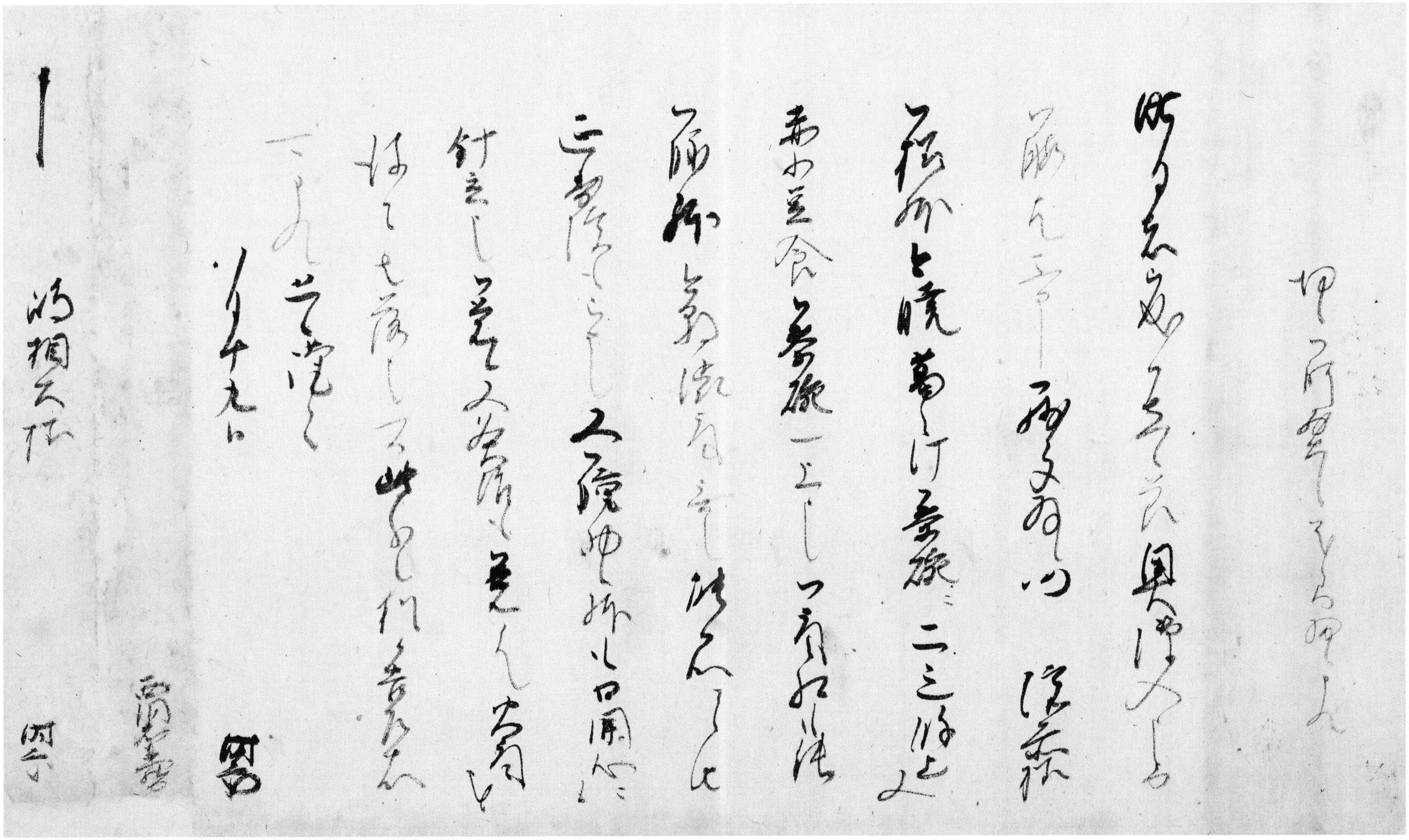

原寸　縱三三・八糎
横五八・七糎

御無用ニ而候、猶、面上之節可得御意候間、不能詳候、恐惶謹言、
煩氣御座候間、印判ニ而申上候、
御免可被成候、
(元和五年)
五月二日
(板倉)
勝重（黑印2）
板倉伊賀守
(結封ウハ書)
「(墨引)
(島津家久)
松平薩摩守様
人々御中
勝重」

二三三二　興意入道親王書狀（折紙）

去三日、於(八條宮智仁親王)八条殿御哥會之由、珎重存候、御満足之旨、尤候、其通、具可申傳候、將又、芭蕉布五端、贈給之、毎度御懇意之段、祝着不淺候、猶、重而面之時万々可申入候条、不能多筆候、かしく、
(元和五年)
五月六日
(興意入道親王)
（花押174）
(島津家久)
松平薩摩守殿

家久八條宮家歌會ニ出座ス
芭蕉布

観助家久ノ為ニ太元明王ノ護摩ヲ修ス

秀忠上洛シ廿六日ニ伏見到著ノ豫定追分迄迎ニ赴ク様板倉勝重ヨリ指図アリ

二三三三　理性院観助書状（折紙）

以上、

其以來不能拝面、恐憚無極候、抑、爲今月之御祈念、太元明王之護摩、抽懇誠、御巻數札令進覧候、目出度可有御頂戴候、尚、參机之節可申入候、恐惶謹言、

（元和五年）五月十五日　　観助

（島津家久）枩平薩摩守殿
人々御中

二三三四　細川忠利書状（竪紙）

已上、

一書令啓上候、（徳川秀忠）公方様、明後廿六日ニ伏見　御着座之儀候間、（近江栗太郎）追分迄御迎ニ罷出候様ニと、従板倉（勝重）伊賀殿申來候、貴様へも其分ニ而御座候哉、承度存候、猶、期面上之時候、恐惶謹言、

（元和五年）五月廿四日　　（細川）忠利（花押175）

(端裏捻封ウハ書)
「松平薩摩様(島津家久) 人々御中　　　　忠利
細川内記」

二三三五　日下部重政外二名連署状(折紙)

家久京都ノ宿所ヲ妙顕寺ニ移ス

家久秀忠ニ帷子ヲ進上ス

以上、

貴札、辱致拝見候、然者、虎屋弥九郎所せまく御座候間、近所之妙顕寺ニ被成御座、御内衆ハ今のことくニ可被召置旨、奉得其意候、指合申儀無之候ハヽ、右之所ニ可被成御座候、將又、御帷子五ノ内單物弐ツ、被懸御意忝存候、恐惶謹言、

(元和五年)
五月廿六日

水野河内守
重次(花押176)

渡邊筑後守
勝(花押177)

（島津家久）
薩摩守様
　尊報

日下部五郎
重政（花押178）

細川忠利義弘ノ死ヲ弔フ

二三三六　細川忠利書状（折紙）

（島津義弘）
爲惟新公御弔、以使者申入候、其地被成御下向、弥御愁傷之段、奉察候、委曲、
（貞昌）
伊勢兵部少輔殿迄申入候、恐惶謹言、

細川内記

（元和五年）
八月廿二日　忠利（花押179）

（島津義弘）
松平薩摩守様
　人〻御中

（糊封ウハ書）
「松平薩摩守様　　細川内記
　参　　　　　　　　　　」

細川忠利義弘ヲ吊ヒ香典竝ニ法華經ヲ贈ル

二三三七　細川忠利書状（折紙）

以上、

（島津義弘）
惟新御遠行、上方ニ而も如申候、是非を可申様無之候、爲御吊、以志水雅樂助（清久）申入、御香典銀子五十枚・法華經一部、進之候、御寺へ納候様ニ頼申候、態書中不具候、恐々謹言、

（元和五年）
八月廿七日　（細川）細越中
忠利（花押180）

（貞昌）
伊勢兵部少輔殿
御宿所

島津忠平江戸ニ著ス

二三三八　酒井忠利書状（折紙）

御使札、殊、御太刀馬代銀子廿枚・御小袖五、被懸御意、誠以忝奉存候、將亦、（島津忠平）御子息様、路次中御無事御着被成候間、御心易可思召候、自然、爰元御用之儀御座候者、何分ニも御無沙汰ニ存間敷候、萬事下野殿（島津久元）申談事ニ御座候、随而、

家久進上セル材木江戸ニ届ク

家久御臺所竝ニ若君ヘ重陽祝儀ヲ進上ス

御進上之御材木も參着申候間、卽請取候、奉行人ニ申付、請とらせ申候間、可
被爲成其御心得候、將亦、」御臺樣（德川秀忠室、淺井氏）・若君樣（德川家光）、重陽之御小袖御進上被成候、
卽、上り候て、別帋申上候、然者、我ホ方へも二卷・染慰斗目被懸御意、誠以忝
奉存候、猶、期後慶候、恐惶謹言、

酒井備後守

（元和五年）
九月八日　　忠利（花押181）

（島津家久）
松平薩摩守□

二三三九　酒井忠利・青山忠俊連署狀（折紙）

家久江戸城天守用ノ阿迫板三千枚ヲ進上ス

別帋之御狀、致拜見候、仍而、御殿主あせり板三千枚御進上之由、奉得其意
候、則、御材木奉行衆へ具申渡候、當地參着次才、追ゝ請取可申由候、恐惶謹
言、

青山伯耆守

（元和五年）
九月九日　　　　忠俊（花押[182]）

酒井備後守
忠利（花押[183]）

（島津家久）
松平薩摩守様
尊報

上使花房職則肥前千栗ニ著ス
家久乗船ヲ提供ス

二三四〇　花房元則（職則）書状（折紙）

尚〻、今度ハ色〻忝仕合、可申上様無御座候、以上、

乍恐、致啓上候、我ホ義、海上無事ニ、昨日廿九日ニ肥前國千栗（三根郡）ニ罷着候、此中打續天氣悪敷御座候て、存外路次ニ逗留仕候、御船、被入御念被仰付候故、船頭衆別而入精、海上心易罷越、忝奉存候、川上式部（久國）殿是迄付被下、路次中も様〻御馳走共候、誠彼是以御懇之儀、過分忝存候、來春江戸被成御下候ハヽ、其節萬〻可奉得尊意候、委曲、式部大輔（川上久國）殿迄申入候間、不能巨細候、恐惶謹言、

花房五郎左衞門尉

（元和五年）
十月晦日　元則（花押184）

進上（島津）
家久様
人々御中

家久秀忠ヘ蜜柑ヲ進上ス

二三四一　本多正純書状（折紙）

以上、

貴札致拜見候、仍、（徳川秀忠）公方様、如例年、御國元之蜜柑十籠、御進上被成候、致披露候之處ニ、遠路被入御念候儀共、御機嫌共ニ御座候、委曲、期後音之時、不能審候、恐惶謹言、

（元和五年）
十二月十六日　本多上野介
正純（花押185）

（島津家久）
松平薩摩守様
貴報

二三四二　細川忠利書状（竪紙）

秀忠島津忠平ニ例年ノ通リ米二千俵ヲ遣ハス

從　將軍樣、(德川秀忠)每年御嘉例□〔之〕ことく、八木弐千表〔俵〕、又八郎殿(島津忠平)被遣候、御内之年寄衆手形を以、早〻御請取可被成候、恐惶謹言、

(元和五年)
極月廿三日　　　　　　　　(細川)
忠利(花押186)

家久上使ノ御禮ニ使者ヲ上ス

二三四三　水野忠元書狀(折紙)

以上、

尊書拜見、殊、琉球酒一壺被懸御意、誠以辱奉存候、隨而、爲上使、花房五郎左(元則)衞門被遣付て、御滿足ト被思召、以使者被仰上、一段御氣嫌共御座候、尚、來春御下向之節、」以拜顏可得尊意候、恐惶謹言、

水野監物

(元和五年)
極月廿九日　　　　　　忠元(花押187)

(島津家久)
松薩摩守樣
尊報

島津忠平江戸城ノ能見物ニ招カル

〔御文書　家久公廿一 二十二通　巻廿六〕

二三四四　土井利勝書状（堅紙）

明廿八日、御能被　仰付候、又八郎（島津忠平）殿御見物候之様ニと　上意候、然共、御幼少之事候間、長座如何被思召候者、御登城候へても不苦候、恐々謹言、

（元和六年）二月廿七日　　（土井）利勝（花押188）

（土）□井大炊頭

（捻封ウハ書）
「（墨引）町田（久幸）圖書頭殿　　利勝」

二三四五　山口惠倫直友書状（折紙）

猶々、御事繁内、御懇書過分之至存候、自然、爰元御用之儀御座候者、可被仰下候、疎意存間敷候、萬々奉期後音之時候、以上、

改年之御慶、雖事旧候、弥重奉存候、抑、旧冬者、江戸へ御使者御進上之砌、預

山口直友義弘ノ逝去ニ弔意ヲ表ス
上方静謐
直友伏見中法度仕置ヲ命ゼラル

御懇書候、忝次才共存候、如御書中、惟新(島津義弘)様数年得御意、御懇意今以難忘存候事、申も疎御座候、御心底、乍恐奉察存候、將又、上方弥御静謐ニ御座候、江戸之儀者、御使者可被仰上候条、不及申候、随而、拙者事、伏見中御法度・」御仕置才申付、伏見ニ可有之由、被　仰付候、誠忝儀共奉存候、雖然、老耄之儀ニ御座候条、御免被成候様ニと、御訴訟申上儀候、上方相應之御用才被仰付候者、可忝候、猶、後音之節、得御意可申候条、不能細筆候、恐惶謹言、

山口駿河入道
(直友)
惠倫(花押189)

(元和六年)
三月三日

(島津家久)
松平薩摩守様
尊報

家久諸白ヲ贈ル
家久上洛ノ途ニツク

二三四六　飛鳥井雅胤書狀(折紙)

是式ニ御座候得共、諸白兩樽・糒廿袋、進上申候、以上、

其表迄御上着之由、承候、暑天之刻、御大儀存候、先爲御見廻、以使者申入候、

定而近日可爲御上洛候間、其節、以貴面可得貴意候、爰元御用等之儀、於」被
仰付者、可爲過分候、恐惶謹言、

（元和六年）五月廿八日　　（飛鳥井）雅胤

（島津家久）松平薩摩守様
人々御中

家久土井利勝ニ鹿皮ヲ贈ル

家久蟲氣

利勝家久ニ能ノ御禮登城ヲ勸ム

二三四七　土井利勝書狀（折紙）

尚々、新敷鹿（皮脱カ）被下置候、誠毎度御心付之段、過分至極ニ奉存候、以上、

昨日者尊書、忝奉存候、随而、天氣能御座候て、御能相濟、目出度思召旨、奉得其意候、將亦、少御虫氣之由、無御心元存候、不及申上ニ候へ共、無御油斷、養生專一ニ御座候、然者、御能之爲御禮、各於」御出ニハ、貴様も可被成御登城ろと承候、定而、左様之御方も可有御座候間、（本多正純）本上野介へも被成御尋、明日よさり可然奉存候、猶、期拜顔節候間、不能詳候、恐惶謹言、

土井大炊助

（元和六年）八月六日

利勝（花押190）

家久並ニ毛利秀就松平忠直ニ招カル秀就ヨリ寺澤廣高竹田定宣ノ同道ヲ依頼サル

二三四八　毛利秀就書状（堅紙）

昨日者、乍御報、被仰聞候通、越前宰相殿（松平忠直）へ申入候處、弥明曉御出候様ニと申
來候間、必〻御供可申候、左様御座候へハ、餘誰も無御座候間、寺沢志广守（廣高）
殿・竹田法印（定宣）御同道候様ニと之儀候、然者、寺志广守殿へ者、其元より被仰
達、可有御同心候、竹田法印へハ、此方ゟ可申達候、如何可有御座候哉、御報
ニ被仰越候ハヽ、可得其意候、何茂、明曉者時分、自是可得御意候間、可被成
其御心得候、猶、期拜顔之時候、恐惶謹言、

（元和六年）九月二日　（毛利）秀就（花押191）

松平長門守

「（封紙ウハ書）

（墨引）　松平薩广守（家久）様　秀就」

人〻御中

武家傳奏西ノ丸へ登城ス
家久ノ登城ハ無用ト指圖サル
家光竝ニ忠長ノ官位ノ祝儀

二三四九　土井利勝書状（折紙）

尚以、被仰下候趣、一〻奉得其意候、聊不奉疎意存候、昨日、夜ニ入罷帰候間、昨今御報如此ニ候、以上、

尊書拜見、忝奉存候、隨而、昨日、西丸へ　傳奏衆（廣橋兼勝・三條西實條）御上ニ付而、内〻貴様も可被成御登城処、本上州（本多正純）致相談、御無用之由申上候故、御延引旨、得其意、尤ニ奉存候、然者、　若君様（徳川家光）・御国様（同忠長）御官位ニ付而、御祝儀被仰上度候由、」被仰下候、御書面之通、具ニ承届候間、上州と致相談、様子急度可申上候、恐惶謹言、

土井大炊助

（元和六年）九月八日　　利勝（花押192）

「家久□（様カ）」　○此處ニ貼リ付ケラル、

二三五〇　酒井忠世書状（堅紙）

金竹ノ火縄

以上、

先刻者、将軍様（徳川秀忠）へ、きんちく（金竹）之火縄廿五筋、御進上被成候、具披露仕候處、不成大方御機嫌ニ被思召、従拙者方相心得可申入之旨、　御意ニ御座候、尚、以貴面可得尊意候間、不能一二候、恐惶謹言、

（元和六年）十月十一日　　忠世（花押193）

（端裏捻封ウハ書）
「（墨引）松薩摩守様（島津家久）　　忠世
人々御中　　酒井雅樂頭」

家久秀忠ヘ馬ヲ献上ス

二三五一　酒井忠世書状（堅紙）

以上、

一書致啓上候、御馬之儀被仰下候、昨日披露仕候処、将軍様（徳川秀忠）不成大形御機嫌ニ被思食、被入御念候通、拙者方ゟ相心得可申入之旨、　上意ニ御座候、尚、期後音之時、不能詳候、恐惶謹言、

（元和六年）霜月十三日　　（酒井）忠世（花押194）

「（端裏捻封ウハ書）（島津家久）松平薩广守様　人々御中　忠世

（墨引）　酒井雅樂頭」

家久秀忠へ菓子ヲ進上ス

家久秀忠ヨリ鷹ノ鶴ヲ拜領ス

秀忠鷹野へ出ル

二三五二　井上正就書状（折紙）

尚々、御菓子被成御進上候、御使者ヲハ、先　還御迄留置申候、御前之様子、重而可申上候、以上、

尊書致拜見候、仍、自　（徳川秀忠）上様、御鷹之鶴被成御拜領、忝思召之由、奉得其意候、即、御紙面之趣、可申上候へ共、今朝御鷹野ニ被成　出御候、今日者、夜ニ入可被成　還御与奉存候間、先御使者ヲ返シ」申候、　還御次才、御礼之通、具ニ「可申上候、㝡前、（本多正純）本上野・（土井利勝）土大炊被任指圖ニ、輕き御使者被下候由、尤ニ奉存候、恐惶謹言、

井上主計頭

秀忠ヘ忠義ノ事
萬事申談ズベキ事
細川忠利島津家ノ懇意ヲ謝ス
諸事疎意アルベカラザル事

（元和六年）極月七日　　　　正就（花押195）

（島津家久）薩摩樣
　　尊報

二三五三　細川忠利起請文（堅紙）

敬白　天罰起請文前書事

一、奉對（徳川秀忠）公方樣ニ、無二ニ忠儀（義）可奉存事、

一、向後不混自余、深重（愼）ニ万事可申談事、

一、（島津）義久公・（島津義弘）兵庫頭殿・（島津家久）貴公、對（長岡藤孝）幽齋・（細川忠興）宗立、數代別而被懸御目候、不相替、拙者ニも如此御懇意、大慶此事候、然上ハ、諸事御用於被仰儀者、毛頭疎意爲間敷事、

右、少も於僞申者、

（別紙）（紙繼目◎）

「日本國中大小神祇、殊、氏神・八幡大菩薩・春日大明神・諏方（訪）上下・天滿大自在天神・愛宕山大權現、蒙御罸、弓矢冥加永尽可申者也、仍起請文如件、

元和七年
二月六日　忠利（花押196）（血判2）
細川内記
（島津家久）松平薩摩守殿
参」

○コノ文書、神文以下ハ、熊野那智牛王寶印ノ裏ニ記スモ、一部前書ノ紙ニ懸カル、

二三五四　細川忠興書状（折紙二紙）

細川忠興煩フ

家久細川家領通行ニツキ忠興ヘ使者ヲ遣ハス

徳川和子入内ス

大坂城普請

（第一紙）『尚ゝ、是へ無御立寄儀、尤存候、我等も罷出申度候へ共、態ひろへ申候、其上、此比散ゝ
相煩申候間、旁無其儀候、以上、

就此表御通、爲御使、山田民ア殿（有榮）被下、御状令拝見候、炎天之時分、御上一入御苦労と存候、

一、女御様（徳川和子）、去八日入　内ニ候、御供ニ者、酒井雅樂殿（忠世）・土井大炊殿（利勝）・松平右衛（正綱）門殿、被罷上之由候、七日之御祝儀過てゟ、右之衆、大坂御普請爲見舞、被參之由候、」貴様上方へ御着船之時分者、大略隙明、右之衆、江戸へ可被

入内ニ付キ進物ハ無用トサル
板倉勝重父子ニ相談スルガ良キヤ

上方江戸替ハル事ナシ

家久流球酒ヲ贈ル

忠興煙硝ヲ所望ス

忠興自ラ切リシ花筒ヲ贈ル

忠利在江戸

罷下ゟと存候事、

一、女御入　内ニ付、進物何茂無用候之由、被　仰出候、定而貴様へも其可爲御觸候、乍去、幸御上洛候之事ニ候間、板倉父子(勝重・重宗)へ、御進物之儀、御相談も可然候ハん哉之事、

一、上方・江戸、別ニ相替儀も不承候事、

一、爲御音信、琉球酒一壺、被懸御意候、遠來と申、霍乱ニ藥之由、一入』(第二紙)『賞翫可仕候事、

一、内ヽ、正源院を以、伊勢兵ア(貞昌)殿迄申候鹽(煙)硝、是迄差被下候、御造作之至、御礼難申尽候事、

一、宗春被罷上候刻、宗竹持被下候、則二ツ切申候を、今曉持進之候つる、我才花筒切申儀、事笑敷御座候へ共、何角と申候へハ、隔心之様ニ御座候条、無是非任御意申候、何も利休(千)切申候を本ニ仕候事、

一、内記(忠利)、江戸ニ罷在事候間、何ニても御用御心安可被」仰付候、拙者儀、大坂

御普請済次第可罷下候間、於江戸可得御意候、恐惶謹言、

細越中

手ふるひ申ニ付、用印判候、非慮外候、

忠興◯（青印2）◯印文「tadauoqui」

（元和六年）六月十三日

（島津家久）松薩

御報

』

徳川和子中宮ニ立テラル
祝儀ハ何レヨリモ樽代銀子三十枚トサル

二三五五　板倉重宗書状（折紙）

已上、

御状拝見仕候、先日も被仰下候通、中宮様（徳川和子）ニ被成御立候御祝儀、可被仰上之旨、御尤御座候、御進上者、御樽代銀子卅枚、可然御座候、何も、右之通之御樽代ニ而御座候、各御使者（マヽ）よて被仰上候間、其御心得可被成候、猶、重而可申上候間、不能詳候、

板倉周防守

（寛永二年）
二月十一日　　　　重宗（花押 197）

（島津家久）
松薩广守様
　　尊報
　　　　　　　　重宗

（封紙糊封ウハ書）
「松薩摩守様　　　　　　板倉周防守
　　尊報　　　　　　　　　重宗」
（墨引）

家久二月二十九日ニ京都ヨリ歸國ノ預定、家久徳川和子ヘ入内祝儀言上ノ為歸國ヲ延期ス

二三五六　山口直友書状（折紙）

猶申候、御事繁内御懇書、過當之至奉存候、以上、

尊書拝見、忝奉存候、如御意之、先日者致伺公、得貴意、本望之至奉存候、然者、内ヽ明廿八日ニ御歸国可被成之由候処、（徳川和子）女御様へ御祝言被仰上付而、廿九日迄御延日之由、御尤奉存候、先度者、（伊勢貞昌）伊兵少迄、様子申入候処、此度者、御歸国御免被成付而、御茶相延可申由、伊兵少ゟ被申越候處、被入御念御書中之旨、忝次才共存候、猶、爰元御通之刻、得御意可申候、恐惶謹言、

（寛永二年）
二月廿七日　　山口駿河入道
（直友）
惠倫（花押198）

（島津家久）
松平薩摩守様
參　貴報

二三五七　寺澤廣高書狀（折紙）

寺澤廣高ヘ年頭祝儀ヲ贈ル

島津忠平息災ニ成人

江戸城本丸作事　秀忠西丸ヘ移徙ス

家久幕府年寄ヨリ在國ヲ指示サル

正月廿八日之御書、拜見申候、仍、爲年頭之御祝儀、御太刀一腰・御馬代銀子拾枚、被下候、別而忝奉存候、次ニ、晴母ろさへも、ひさや五端（緋紗綾）被下候、是又忝存候、然者、唐津（肥前松浦郡）へも、爲御見廻御使者被遣之由、重疊忝次才ニ御座候、就中、又八郎殿（島津忠平）、一段御息災被成御成人候、折ゝ御見廻申上、得御意申候事候、將又、當地弥儀無御座候、御本丸御作事ニ付、來十一日、西丸ヘ可被爲　移由、御取沙汰ニ御座候、當年者、被成御在国候様ニと　御諚之旨、御年寄衆より被仰入之由、目出度奉存候、何も、爰許之様子、嶋津下野守（久元）殿ヘ可申談候、恐惶謹言、

寺澤志广守

廣高（花押199）

（元和八年）
卯月廿二日

（島津家久）
松薩摩様

人ゝ御中

家久井上正就へ年頭祝儀ヲ贈ル

二三五八　井上正就書状（折紙）

猶ゝ、於　御前、嶋津下野殿（久元）、仕合能被致　御目見え候間、御心安可被思召候、以上、

正月廿八日之尊書拝見、忝奉存候、然者、早ゝ此地へ可被成御下向と被思召候処、當年者、緩ゝ与被成御在國候様ニ与　上意之趣、従年寄中被申入付而、被任其旨之由、尤ニ奉存候、随而、御太刀一腰・御馬代銀子弐拾枚、被送下候、被思召出、御懇情之至、忝奉存候、比表相替儀無御座、」又八郎殿（島津忠平）一段御無事ニ御座候間、御心安可被思召候、委曲、喜入攝津守殿（忠政）・比志嶋宮内殿（國隆）可被申上候条、不能詳候、恐惶謹言、

井上主計頭

（元和八年）
五月三日　　正就（花押200）

（島津家久）
薩摩守様
　貴報

二三五九　琉球中山王尚豊書状（堅紙）

中山王尚寧歿ス
家久弔ノ爲使僧ヲ遣ハシ香奠ヲ贈ル

爲先王（尚寧）之吊、御使僧遙被凌海雲渡楫、殊更、爲御香奠、銀子三十枚拜受、御至情不淺奉存候、細粹、正龍寺讓舌頭、不能詳、誠恐誠惶頓顙、

（元和七年）
季夏十七日　　中山王
　　　　　　　尚豊（花押201）

進上諫議家久公（島津）

二三六〇　飛鳥井雅胤書状（折紙）

鞠竝ニ調合ノ香ヲ贈ル

尚ゝ、此鞠一顆心能御座候間、致進覧候、將又、調合薫二包進入候、以上、

其後、以書中不申入、無音所存之至ニ御座候、去春者、御心靜ニ不得御意、御

飛鳥井雅胤來春家久上洛ノ節蹴鞠興行ヲ約ス

残多奉存候、定而、御在國候而、緩〻与可為御遊興候、御鞠被遊候哉、來春者、必御上洛之」刻、切〻申入、蹴鞠興行可申候、此邊相替儀無御座候、猶、期後音入候、恐惶謹言、

（元和八年）九月五日　　雅胤（飛鳥井）

（島津家久）松平薩摩守様

細川忠利在江戸

忠利家久へ松平忠直ノ様子ヲ報ズ

忠直煩ニテハ無シ國元ノ仕置

二三六一　細川忠利書状（續紙）

尚〻、文□申上ニ、此印判付申候、以上、○（印2、文字ノ上ニ捺セリ、）

態以飛脚申入候、江戸へ罷下以後者、以書状も不申入、無音罷過候、

一、上様（徳川秀忠）御無事ニ御座候、可御心易候事、

一、越前宰相殿（松平忠直）之儀、遠國よて被成御聞候ハヽ、無御心元可被思召候間、承通申入候事、

一、御煩之由ニ候へとも、さのミ御煩とハ聞え不申候、日比御國之仕置御心儘

心ノ儘ナル故秀忠機嫌惡シ
事ノ外醉狂
側仕ノ若キ者忠直ノ參府ヲ留ム
秀忠近藤用可ヲ越前ニ遣ス
籠城ノ様子ナク忠直ノ氣ガ違フノミ
先ズ煩トシテ様子ヲ見ル
秀忠忠直ノ參府ヲ期待ス

ニ御座候事、江戸へ聞え、御機嫌惡候由、宰相殿御聞候而、先一日延ニ御煩とて、無御下と聞え申候、其上、事之外醉狂、無是非儀共と聞え申候、其上、宰相殿そばニ居申候若キ者、惡事を仕置、江戸へ宰相殿御下候者、（紙繼目）其身〱の大事ニ成候と存、色〻ニ申成、宰相殿を留申候と聞え申候、左様ニ申候とて、御同心有之事、御心遠無疑儀候、此段〻、　上様能被聞召候故、此中、越前へ、近藤縫殿助（用可）と申候人を、御煩御見廻ニ被遣、緩〻ら御養生候様ニとの上意ニ而候つる、一昨日、縫殿助越前より罷歸候とて、大磯（相模淘綾郡）ニ而落馬仕、相果申候、越前之様子、籠城之用意まても無之、只御氣之違まてにて候故、少茂天下之構ニ無之儀ら思召候哉、先御煩分ニ被成、其儘御覽被成候と見え申候、越前ゟ他國へ御動候事者不存、中〱只今、御人數なと可被遣躰ニ見え不申候事、

一、いろ様にも被成、江戸へ（紙繼目）御引付被成候儀者、可有御座候、多分左様ニ成可申候、如何様今の分ニて候ハヽ、とまり申間敷と存候事、

江戸城本丸普請始マラム

家久有馬直純ト堺目川ニツキ出入アリ

出入トナラバ幕府年寄ヘ繪圖ヲ添ヘ申入ルガ良シ

越前ト事切ニナラバ知ラセム　九州ノ軍勢ハ不要カ

江戸城本丸普請ハ九月

一、爰元御本丸御普請も、越前之躰、籠城ふも成そうに候ハヽ、中〳〵被仰付間敷候之由、いつれも推量仕候、二三日以前まてハ、御普請之儀も定り不申候へとも、それや御普請そろ〳〵被仰付候、當分者、御人數なと可被遣躰とハ見え不申候事、

一、其元、有馬殿(直純)と堺目川之儀ニ付而、出入御座候由承候間、無御心元御座候キ、貴様へハ、別而　上様御懇ニ御座候条、萬之事、火本ニ御成ふき様ニふされ候ハヽ、　上様御満足ニ候ハんと奉存候、憚多儀無是非候、有馬事者、申度まゝニ爰元へ可被申候間、出入も御座候ハヽ、御宿老中まて、具ニ繪圖を被成、被仰越可然存候事、(紙繼目)

一、越前之儀、千万事切ニ成申候ハヽ、重而可申上候、若左様之儀も候ハヽ、九州之人數なとハ、入申間敷ろと存事候、然共、御見廻ニ參衆者可有御座候間、内ゝ其御心得者、可有御座儀ふ候哉之事、

一、爰元御本丸御普請、九月者出來、御移徙さるへきと存候、貴様も可被成御

竣工カ

家久出府ナクバ進物ヲ上グルガ良シ

薩摩屋敷無事

香ヲ聞ク仁ノ事

下候哉、無左候者、定而、何ぞ御進物上り可申候間、上州（本多正純）へ被成御尋可然存候事、

一、御屋敷も御無事之由候、聞召候而可然儀候ハヽ、従是重而可申入候、恐惶謹言、

細内記

（元和八年）二月十三日　忠利（花押202）

（島津家久）松薩州様

人々御中

二三六二　西洞院時直書状（竪紙）

返々、香きられ［　　］、此度我ホ何共不承候、先日、御使も、老父被参候由候、昨日も、此方へハ不被参候、少取紛事共候而、書中むさと申入候、御方兎〔放〕く、

貴翰拝見候、仍而、香きられ候仁之事、我ホ方へハ、此度何共不承候、昨日も、此方へ御使不参候、但、老父へ被仰候哉、今程罷出候間、可申聞候、先年申入

候香き〻〔候脱カ〕仁之事、色〻あやとも御座候、以直談申候ハてハ、書中□□〔之者カ〕申入ら
さき様子共御座候、其仁、宰相〔西洞院時慶〕者存候ましを候、猶、口上ニ申入候、恐惶謹言、
（元和九年）六月三日　時直（花押203）
（西洞院）西右衛門督
（端裏ウハ書）「（島津家久）松薩广守様（貴）□報　時直」

二三六三　飛鳥井雅庸書状（竪紙）

家久ノ鞠足見事ニナル

御懇札拝誦、喜悦之至候、昨日者、得御意、難忘次才候、御鞠足、猶以見事罷成
候、御上洛之折節者、必晴鞠可致張行候、猶、以拝顔可申入候、恐〻謹言、

晴鞠

（元和九年）夷則十日　（飛鳥井）雅庸

以上、

二三六四　板倉勝重書状（竪紙）

秀忠明日參內

家久板倉勝重ニ唐ノ菓子ヲ贈ル

勝重家久ニ秀忠ヘノ獻上ヲ勸ム

如仰、明日御參　內付而、拙者も、夕部爰元へ罷越候處、早ゝ御懇書、忝致拜見候、若天氣惡敷御座候者、御參　內も相延可申候間、可被成其御心得候、隨而、唐之御菓子一折、被懸御意候、誠以御懇慮之義、一入忝賞翫仕候、公方様(徳川秀忠)へも、珎敷物御座候間、御上候而も尤之義御座候、猶、御使者へ申入候条、不能具候、恐惶謹言、

(元和九年)七月廿四年　(板倉)勝重(花押204)

(捻封ウハ書)「　板倉伊賀守
(墨引)　(島津家久)松平薩摩守様　貴報　勝重」

一二三六五　土井利勝書狀(折紙)

昨日天氣能ク參內調フ

家久秀忠ニ扈従ス

尚以、御念之入候段、御前へ具可申上候、以上、

尊書拜見、忝奉存候、如御意、昨日者、天氣迄能、御參　內相調、乍恐、御同意目出度奉存候、炎天御座候而、御供、一入御苦勞程、奉察候、猶、期拜顔之」節

候条、不能詳候、恐惶謹言、

土井大炊助

利勝（花押205）

（元和九年）七月廿六日

（島津）家久様

尊報

家久見事ナ鞠ヲ贈ル

禁中御番

家久伏見城ノ能見物

〔御文書〕家久公廿二 二十四通　巻廿七〕

二三六六　飛鳥井雅胤書状（竪紙）

以上、

昨日者、爲何風情無御座候處、御機嫌能、緩ゝち御座候而、別而忝候、殊更、御鞠出來候、驚目申候、今朝、以參御禮可申入候へ共、禁中御番候間、不能其儀候、何樣、以參可申伸候、恐惶謹言、

（元和九年）八月四日　（飛鳥井）雅胤

（端裏捻封ウハ書）
「（墨引）　嶋津宰相（家久）樣
人ゝ御中
飛鳥井中將
雅胤」

二三六七　興意入道親王書状（折紙）

猶ゝ、先日之御礼ニ、早ゝ以書狀成とも可申を、兩日、御能ニ（山城紀伊郡）伏見可有御越と、令遠慮、申

家久外題ノ染筆ヲ依頼ス

後候、

此間者、預使者、殊色々贈給之、懇意之段、満足不浅候、将又、外題之事、被申越候、不調法候へ共、書申候而進之候、猶、兵ア少輔(伊勢貞昌)迄申入候間、不能詳候、かしく、

(元和九年)八月七日　(興意入道親王)(花押206)

(島津家久)松平薩摩守殿

家久白蘭等珍シキ花ヲ進上ス

二三六八　生島秀盛書状(折紙)

以上、

自御途中之尊書之趣、則披露申上候へ者、誠々今度者、御在洛之刻、節々被成御参會、緩々与被仰談、殊更、色々御懇之段、御祝着難仰入思召候、随而、白蘭、はうきん花、珍花共被入御念、遙々之海路、早速ニ被成京着、御進上之段、御感御満足、不浅思召候、幾重茂拙者相心得、能々御礼可申達之旨、御意候、

八條宮智仁親王家久ノ願ニ依リ古今和歌集等ノ外題ヲ染筆ス

將又、古今六帖六册・新撰六帖二册・和歌部類一册・眞字伊勢物語一册、御外
題之義、乍御斟酌、被染御筆被進候、明春者、目出度御上洛待思召候、其節、猶
可被仰入之通、御意候、恐惶謹言、

生嶋宮内少輔

秀盛（花押207）

（元和九年）
九月十日

（島津家久）
松平薩摩守樣參
尊報

松平定勝少將ニ任官ス家久祝儀トシテ太刀馬纁珍ヲ贈ル

二三六九　松平定勝書狀（折紙）

以上、
御使札、殊、今度少將之位被　仰付爲御祝儀、御太刀一腰・御馬一疋幷纁珎五
拾卷、被懸御意候、寔遠路被入御念之段、別而忝存候、如仰、當夏者、何角取紛
申候ニ付而、心靜不得御意、所存之外候、」猶、期後音之節候条、御報不能詳
候、恐惶謹言、

松平隱岐守

定勝（花押208）

（元和九年）十一月十三日

薩摩□（守）樣（島津家久）貴報

家久歸國御禮ノ使者ヲ遣ス

虎皮燒酎竝ニ薩摩燒ノ茶器ヲ獻ズ

御内書發給サル

二三七〇　酒井忠世書状（折紙）

尚〻、色〻被爲入御念之段、不大方御機嫌被思召候、以上、

尊書忝拜見仕候、貴樣御歸国被成、緩〻与御在國付而、桂山城守（忠能）方を以被仰上、殊、將軍樣（徳川家光）虎皮三牧（枚）、燒酒一壺、幷其元ニ而燒申候茶碗十、御そこ（底）とり（取）・そい（灰）入のそうろく（焙烙）八、被成御進上候、具披露仕候處、山城守　御前へ被召出、不大方御機嫌被思召、御　内書被成候、次、拙者式□（へ）も、大繻珎五端幷茶碗三ツ、そことり・そい入のそうろく四、被下候、誠過分至極、書中難申上候、此表、　兩御所樣（徳川秀忠・同家光）御機嫌殘所無御座、御屋敷中御無事御座候間、御心易可被思召候、相應之御用等御座候者、可被仰下候、委曲、山城殿可爲演說候間、不

能具候、恐惶謹言

（元和九年）十二月六日　　酒井雅樂頭
　　　　　　　　　　　　　忠世（花押209）

（島津家久）松平薩摩守様

家久七島ノ鰹節竝ニ琉球酒ヲ贈ル
松平定勝先月參勤ス

二三七一　松平定綱書状（折紙）

猶々、被思召付、御音問忝奉存候、以上、

遠路預御使札、恐悦之至ニ御座候、其御國、御無爲之由被仰聞、珎重ニ存候、御當地、弥相替儀無御座、（徳川秀忠）公方様、一段御機嫌能被成御座候、御心安可被思召候、就中、七嶋之鰹之節一折・琉球酒壺壹、被贈下候、忝存、別而賞翫仕候、随而、（松平定勝）同名隠岐守、先月致参勤、仕合無残所、御目見仕候、大慶御」推量可被成候、委細、先書ニ申達候条、不能具候、恐惶謹言、

松平越中守

(元和九年)十二月十八日　定綱(花押210)

松平薩摩守様
　御報

(封紙、糊封ウハ書)
「(島津家久)松平薩摩守様
　御報　定綱
(墨引)
松平越中守」

家久京都ヨリ帰國ス
帰國御禮ノ使者ヲ酒井忠世披露ス
家久稲葉正勝ニ鰹節ヲ贈ル

二三七二　稲葉正勝書状(折紙)

尊書忝致拝見候、此表別条無御座、(徳川秀忠・同家光)兩御所様、弥御機嫌能被成御座候間、御
心安可被思食候、然者、今度於京都、　御前御仕合能御暇被遣、道中御無事ニ
御帰国被成、忝思召之由、奉得其意候、就其、以御使者被仰上候、(酒井忠世)酒雅樂頭被
遂披露候處、被入御念之段、御機嫌ニ被思召、卽御使者　御前被　召出、直ゝ
被仰含候、随而、私へ」御國本七嶋之鰹節三百五十入壱筥、送被下、誠遠路御
懇意之段、別而忝奉存候、委曲、御使者可爲演説候間、不能一二候、恐惶謹言、

稲葉丹後守

（元和九年）十二月廿日　　　　　正勝（花押211）

（島津家久）松平薩摩守様
　　尊報

家久太子ノ誕生ヲ賀ス

二三七三　生島秀盛書状（折紙）

以上、

（高仁親王カ）太子様被為成御誕生候儀ニ付、尊書之旨、則、（八条宮智仁親王）八条様御前ゟ披露申上候之処、御懇ニ被仰上候段、御満足被思召候、如仰、公私之御悦、無極候、次ニ、去年長ゝ御在洛之内、切ゝ被為成　御見參、是又、御満足被思召候由、御意候、恐惶謹言、

生嶋宮内少輔
秀盛（花押212）

（寛永四年カ）正月廿九日

（島津家久）松平薩摩守様
　　參
　　尊報

徳川和子ニ女一宮誕生
家久松平定綱ニ江戸城普請ノ様子ヲ尋ヌ
家久松平定綱へ松ノ材木等ヲ贈ル

二三七四　松平定綱書状（折紙）

極月十二日之尊札、謹而致拝見候、其刻、江戸へ罷下候ニ付而、御報遅引、背本意奉存候、然者、（徳川和子）女御様、（興子、明正天皇）姫宮様御誕生被成候、御祝儀被仰上候旨、御尤御座候、折節不罷居、御使者比志嶋殿（國貞）へも不申達、意外存候、將亦、當城御普請之様子、被聞召度由被仰下候、忝奉存候、一段首尾能相調申候間、御心易可被」思召候、就中、松之御材木幷兵粮、澤山ニ被贈下候、寔被思召付、過分至極御座候、毎度御懇慮之儀、御礼難得申上候、諸事、自是可奉得尊意候条、不能具候、恐惶謹言、

松平越中守
（元和十年）二月十二日　定綱（花押213）

（島津家久）薩摩守様
尊報

家久江戸ニ著ス
光久初テ目見得ニツキ日柄ヲ選ブ

光久蟲氣快氣ス
家久光久ノ廿三日登城ヲ願フ

二三七五　井上正就書状（竪紙）

尊書拜見、忝奉存候、然者、旧冬御國御立被成候へ共、海上荒申候故、途中ニ而被成御越年、其上、少御差合御座候付而、御延引被成、一昨晩、當地御着之由、御太儀共ニ奉存候、將亦、御出仕之儀、御息様（島津光久）初而御目見之儀ニ御座候条、日柄をも被成御撰度由、土大炊（土井利勝）迄御内談被成、十七日過候而御礼可被仰上之旨、御尤之御事ニ候、如何様致伺公、可奉得貴意候、恐惶謹言、

（寛永二年）卯月十四日　正就（井上）（花押214）

井上主計頭

（端裏捻封ウハ書）

「（墨引）　松平薩□（摩）守様（島津家久）　正就」

□報

二三七六　土井利勝書状（竪紙）

尊書拜見仕候、隨而、又三郎殿（島津光久）御虫氣、すきと御快氣ニ付而、廿三日吉日故、兩　御城江可被成御上之由、一段尤奉存候、先日ゟ如申入候、何時まても可

被成　御對面之旨、御意候間、弥廿三日可然奉存候、恐惶謹言、
(寛永二年)
卯月廿日
(土井)
利勝(花押215)
(捻封ウハ書)
「(墨引)　(島津)
家久様
貴報
土井大炊頭
利勝」

土井利勝上使トシテ家久ヲ訪ヌ　家久他行中故後刻利勝邸ヲ訪問ス

二三七七　土井利勝書状(竪紙)

内ゝ従是可申上之処、尊書忝奉存候、如御意、昨日者、爲　上使致伺公候得共、御他行故、不能拜顔候、併、頓而被聞召付、拙宿へ御光儀之由、爲入御念儀御座候、如御紙面、後剋四時分御左右可申上候間、御登　城可被成候、恐惶謹言、
(寛永二年)
五月六日
(土井)
利勝(花押216)
(端裏捻封ウハ書)
「(墨引)　(島津)
家久様
貴報
土井大炊〔助〕□
□　」

家久勅使ヘノ對面ヲ望ム

裝束ニテノ登城ヲ指圖サル

二三七八　土井利勝書狀（竪紙）

猶以、此中何角不得隙候て、御見廻とも不申上、所存之外御座候、以上、

尊墨忝拜見仕候、如御意候間、　勅使衆へ御對面之御事ニ候、昨日、本上州（本多正純）右之通申上之由、被申聞候、一段尤ら申事ニ御座候、晝時分之御對面ニ候間、其御加減被成、御裝束ニて御登　城、可然奉存候、如御意、於　御城可得尊意候、恐惶謹言、

（寛永二年）九月六日　利勝（花押217）

土井大炊助

（捻封ウハ書）

（墨引）（島津）家久様

二三七九　秋山正重書狀（竪紙）

尚以、御番ニ差合、御見廻不申上、御残多奉存候、以上、

秋山正重家久訪問ヲ約ス

井上政重忌明故番替アリテ訪問叶ハズ

一筆致啓上候、今朝者、於御城早ゝ得尊意候、然者、明九日之晩可參之旨、御約束申上候處、井上筑後殿（政重）、忌明被罷出候付、御番替、明日者、私夕御番ニ而御座候間、可被成御免候、日本之神そ、偽ニ而無御座候、何様致伺公、可奉得貴意候、恐惶謹言、

（寛永二年）
九月八日　　正重（花押218）

（端裏捻書ウハ書）
「（墨引）　秋山修理亮
（島津家久）
松平薩州様　　正重」
參人ゝ御中

家久判形ヲ變更ス

光久煩快氣ス

公家衆下向

二三八〇　土井利勝書狀（竪紙）

猶以、御判形被成御直之由、一段見事ニ御座候、以上、

先剋者、尊書忝奉存候、然者、又三郎殿（島津光久）御煩、追日御快氣之由、ゝ様成目出度御事御座有間敷候、此中、御公家衆御下向付、何角不得隙候故、御物遠ニ付而、以使者中上候処ニ、為入御念尊墨、忝奉存候、猶、期拜顔之時候、恐惶謹言、

（寛永元年）
霜月廿九日　　利勝（花押219）

「（端裏捻封ウハ書）
家久様　　土井大炊頭
尊報　　　　　「　　」

家久稲葉正勝ヲ邸ニ招ク

二三八一　稲葉正勝書状（竪紙）

今朝者、被爲召寄、種〻御懇意之段、忝奉存候、尤、以參上御禮可申上候得共、堅無用之由、任御意、不能其儀候、乍自由、爲御礼一筆致啓上候、恐惶謹言、

（寛永二年）
極月十四日　　正勝（花押220）

「（端裏捻封ウハ書）
（墨引）
（島津家久）
松平薩摩守様　　稲葉丹後守
人〻御中　　　　正勝」

二三八二　酒井忠世書状（竪紙）

以上、

光久煩ニツキ秀忠家光ヨリ見舞ノ言葉アリ家光鷹野ニ出ル

貴札拜見仕候、仍、又三郎殿（島津光久）御煩ニ付而、從兩御所樣（德川秀忠・同家光）御諚之段、被忝被思食、爲御礼、今日西丸ゟ御登城之由、奉得其意候、將軍樣（德川家光）者、今日御鷹野へ被爲成候間、明日ニも御出仕可然御座候ハん哉、委細、自是御左右可申上候、恐惶謹言、

（寛永二年）十二月十八日　忠世（花押221）

（端裏捻封ウハ書）
「（墨引）　薩摩（守樣）□□（島津家久）　貴報　忠世

酒井雅樂頭」

松平直政江戸城ニテ家久ト遭フ直政家久ヲ招ク

二三八三　松平直政書狀（竪紙）

昨日者、於　殿中得御意候、首尾好御礼被仰上、可爲御滿足候、旧冬者、被入御念預貴札、忝存候、其節、万千代召連致　登城候之間、御報延引罷成候、來十八日之朝、弥御出可被成之由、忝奉存候、猶、期面上之時候、恐惶謹言、

（寛永三年）正月三日　直政（花押222）

（端裏捻封ウハ書）
「　　　　　松平出羽守
（墨引）　　　　　　　　　直政」
　松平（島津家久）薩摩守様
　　　　　人々御中

二三八四　琉球中山王尚豊書状（切紙）

中山王尚豊明國皇帝熹宗即位ニツキ祝儀ノ使者ヲ北京ヘ遣ハス
明トノ通交ヲ舊規ノ如ク調フ
尚豊家久ニ方物九件ヲ進上ス

以上、
去々年以來、被遊　御在江戸、御旅程、何ホ之御遊興共御座候哉、復者、御
帰國之御催、可爲何比候哉、彼是之趣、爲可得尊意、呈愚札候、兼又、大明　天（熹
宗）啓皇踐祚之祝詞、爲述焉、爲王舅勝連方（良繼）、先年唐ゟ差渡候處、輙相達于北京、
唐と當邦往還之儀、如舊規申調、去歳八月、令歸帆、欣然之至候、随者、雖非佳
珎之備、方物九件、記于別紙、奉　進上候、聊補書信計候、委曲者、付使者舌
頭、閣筆候、誠恐誠惶謹言、
（寛永三年）
正月三日　　　　中山王
　　　　　　　　　尚豊（花押223）

進上　諫議家久尊公　　金閣下　　中山王

（封紙ウハ書）
「進上　諫議家久尊公　金閣下　　尚豊」

家光京都ニ著ク家久御機嫌伺ノ使者ヲ遣ハス

二二三八五　江戸幕府本丸年寄連署奉書（折紙）

已上、

尊書致拜見候、然者、（徳川家光）將軍樣、當地被成御着座、御機嫌之御樣子爲可被爲聞、以御使節被仰上、御菓子二函、被成御進上候、則、遂披露候之處、被入御念之段、御機嫌不斜候、路次中天氣能、　御機嫌無」殘所、爰元被成　着御候間、御心易可被思召候、委曲、御使者可爲演說候、恐惶謹言、

（寛永三年）
四月廿五日　　　酒井讃岐守
　　　　　　　　　忠勝（花押224）
　　　　　　　酒井雅樂頭

忠世（花押225）

松平薩广守様（島津家久）
尊報

寺澤廣高端午ノ祝儀ヲ贈ル
島津家江戸屋敷ノ様子ヲ報ズ
秀忠ハ五月下旬家光ハ六月十日江戸出立ノ預定
徳川頼宣同忠長同頼房ニ賜暇
松平忠輝諏訪へ配所替

二三八六　寺澤廣高書狀（折紙）

以上、

態令啓上候、爲端午之御祝儀、御帷子貳内單物、進入申候、誠御祝詞之驗迄ニ御座候、此地御屋敷、別条無御座、又三郎殿（島津光久）、弥御快氣、又十郎殿（島津久直）一段御息災御座候、御心安可被思召候、將又、大御所様（徳川秀忠）、弥五月下旬、　將軍様（徳川家光）、六月十日時分、出　御之御沙汰ニ御座候、紀州（徳川頼宣）」　中納言様も、御暇ニて御歸国、駿河（徳川忠長）　中納言様も、此程駿府へ被成　御座候、　水戸様（徳川頼房）も、一昨二日、被成御歸城候、　上總様（松平忠輝）御事も、信濃之諏訪まて被成御出候様ニと、被　仰出候、別ニ爰元相替儀も無御座候、何茂追〻可得御意候、恐惶謹言、

寺澤志广守

（寛永三年）
壬卯月廿四日　　　　　　　廣高（花押226）
（島津家久）
薩州樣
　人々御中

家久歸國シ御禮ノ使者ヲ遣ハス
沈香國燒ノ茶碗灰入底取
秀忠上洛ノ爲五月末江戸出立ノ豫定

二三八七　土井利勝書狀（折紙）

猶以、先度も、早々以飛札被　仰上候、重疊入御念候段、御機嫌共御座候、以上、

尊書拜見仕候、然者、今度御仕合能御歸国、御滿足付而、以御使者被仰上候、則、遂披露候處、遠路入御念候段、御機嫌御座候、其上、沈香壱筥五斤幷於御國燒申候茶碗・灰入・底取、被成進上候、御帋面之趣申上、是亦披露仕候処、一段之御仕合ニ而、御珎重候之旨、被成　御內書候、如被仰下候、御上洛之儀、弥五月末ニ（德川秀忠）大御所樣江戸可爲　出御候間、可被爲成其御心得候、委細者、伊勢兵部少輔（貞昌）ゟ可被申上候間、不能詳候、恐惶謹言、

（寛永三年）
閏四月廿二日　　　　土井大炊頭
　　　　　　　　　　　利勝（花押227）

松薩摩（島津家久）（様）□
□

二三八八　酒井忠世書状（折紙）

酒井忠世家久ノ進物ヲ披露ス
使者家光ノ御前ヘ召サル
忠世ニ國燒ノ茶碗灰入底取ヲ贈ル

尚〻、永〻爰元ニ御逗留被成候へとも、手前取紛故、御無沙汰迄にて、迷惑仕候、何様、軈
而御上洛之刻、致伺公可申上候、已上、

尊札拝見仕候、如被仰下候、今度、於此地御仕合殘處無御座、御暇被遂、路次
中御無事ニ被成御歸國、御滿足被思召之旨、奉得其意候、就其、將軍樣（徳川家光）江御
使札、幷如御目錄、色〻被成御進上候、具致披露候処、一段御機嫌ニ被思召、
右之御使者　御前へ被召出、　御內書被遣候、將亦、拙者式へ「御卷物二、次」
其許ニ而被仰付候燒物茶碗・灰入・底取、被下候、誠遠路御懇意之段、一入過
分至極、御礼難申上候、委細者、吉利下總（忠張）方可被仰達候間、不能審候、恐惶謹
言、

酒井雅樂頭

（寛永三年）五月七日　忠世（花押228）
（島津家久）松薩摩守様
尊報

秀忠家光明日参内
禁裏並ニ女院ヘノ馬代進物ノ事ヲ聞カズ
家久近衛邸ニテ装束ヲ著ス
細川忠利ハ烏丸邸ニテ著ス

二三八九　細川忠利書状（折紙）

以上、

御状令拝見候、明日御参　内ニ、相易様子も不承候、（後水尾天皇）禁裏様ヘ御馬代之儀、如早晩、金子さるへきと存候而、何方へも尋不申候、（中和門院、近衛前子）女院様ヘ之進物之儀も、何とも不承候、替儀被聞召候者、可被仰聞候、従是も可申入候、貴様者、（信尋）近衛殿ニ而御装束可有御着之由、尤存候、拙者、（光廣）烏丸殿ヘ可参と存候、尚、明日可得御意候、恐惶謹言、

（細川）細越中
（寛永三年）六月廿四日　忠利（花押229）
（島津家久）松薩州様
御報

家久中納言ニ任ゼラル

光久息災

家久圓玄ニ和歌出題ノ

〔御文書　家久公廿三 二十三通　卷廿八〕

二三九〇　牧野正成書狀（折紙）

一筆致啓上候、仍、兩（徳川秀忠・同家光）　上樣、彌御機嫌能被成御座、貴公樣、中納言ニ被爲成候旨、目出珎重奉存候、當地無別条、就中、又三郎（島津光久）樣、御息災御座被成候条、御心易可被思召候、爰許之樣子、委曲、仁礼藏人（頼景）殿・鎌田左京（政喬）殿可被仰上候、猶重而可得」御意候、恐惶謹言、

牧野清兵衞

（寛永三年）八月廿八日　正成（花押230）

（島津家久）松薩州樣
參人々御中

二三九一　松庵圓玄書狀（折紙）

先日者、於　殿中得貴意、大慶奉存候、然者、和歌出題事、內々被仰候、　行幸

事ヲ内々尋ヌ
竹契遐年隱密ニサレタシ

之節被仰出由候、内ゝ御沙汰者、　竹契遐年候、御隱密被成可給候、御入魂之儀候間、申入候、御人數も、此度少樣相聞申候、猶、重而可得賢慮候、恐惶謹言、

松庵

(寛永三年)
九月二日　　圓玄

(島津家久)
薩摩中納言殿
人ゝ御中

二三九二　江戸幕府年寄連署奉書（折紙）

秀忠家光ノ還御ノ祝儀トシテ使者竝ニ樽肴ヲ進上ス

以上、

今般　御上洛還御之節、爲御祝儀、使者、殊御樽肴、目錄之通、御進上候、遠路之處、被入念候之段、御滿足思召候、右之趣、可申達之旨、　上意候之間、如此候、恐ゝ謹言、

堀田加賀守

（寛永十一年）
十月十三日

正盛（花押231）
阿部豊後守
忠秋（花押232）」
松平伊豆守
信綱（花押233）
土井大炊頭
利勝（花押234）

薩摩（島津家久）
中納言殿
人々御中

「（封紙ウハ書）
薩摩
中納言殿

土井大炊頭
松平伊豆守
阿ア豊後守
堀田加賀守」

家久秀忠ヨリ鷹ノ鶴ヲ拝領ス

二三九三　江戸幕府西丸年寄連署奉書（折紙）

御鷹之鶴、被遣之候、委細、御留守居ㇾ候自伊勢兵ア少輔（貞昌）、可被申達候、恐ゝ謹言、

（寛永三年）十二月五日

永井信濃守　尚政（花押235）

井上主計頭　正就（花押236）

土井大炊頭　利勝（花押237）

（島津家久）薩摩中納言殿　人ゝ御中

秀忠ノ年寄鶴ヲ薩摩へ

二三九四　江戸幕府西丸年寄連署鶴送状（切紙）

此鶴幷状箱、從江戸至于薩摩國、急度可相届者也、

送ル

寛永三
十二月五日

（永井尚政）信濃（黒印3）○印文未詳
（井上正就）主計（黒印4）○印文「正就」
（土井利勝）大炊（黒印5）○印文「利勝」

右宿中

中山王尚豊家久ノ上洛ヲ賀ス
家久尚豊ニ香合等ヲ贈ル
家久へ方物ヲ進上ス
琉球小童三人家久ノ上

二三九五　琉球中山王尚豊書状（竪紙）

仲冬初六之　玉書、臘月下旬到來、洗手於霜露、拜誦薫徹、抃躍不斜候、抑、於京都之御仕合、無所殘之　命、永誨過幸、萬悦不過之候、然者、爲御音問、薫香合一・印籠きんちやく（巾着）并枕原二十帖、拜領仕、感戴無極候、　高恩之深、蒼海還、淺書紳永佩焉、就中、金襴珎物驚目候、將又、當年茂、可被遊　御上洛候哉、如何奉存候、仍、雖是式候、方物七件奉　進上之候、其趣、相記于別紙候、聊補微志計候、隨而、亦小童三人指上申候之處、京都迄致供奉、種々蒙　御憐愍、

剩天下希代之　行幸拜見仕候由、彼是以冥加不少候、萬端忝儀、難盡寸楮候、猶、奉期來慶之時候、誠惶誠恐敬白、

洛ニ供奉シ行幸ヲ見物ス

(寛永四年)
正月十一日　　　中山王尙豐(花押238)

進上　黃門家久(島津)尊公

(封紙ウハ書)
「進上　　黃門家久尊公　　中山王
　　　　　　　　　　　　　　　尙豐」

二三九六　琉球中山王尙豐書狀(竪紙)

中山王尙豐家久ヘ中納言昇進ノ祝儀ヲ贈ル

以上、

謹呈愚書候、抑、去歲之季秋、於京師、　黃門之祚御昇進之旨、謀天下之美譽、千秋萬歲、目出度奉存候、仍、爲御祝言、御太刀一腰國宗・御馬一疋銀百枚・御酒二甕、奉進上之候、猶、餘者金武王子(朝貞)讓演說候之条、不詳候、誠惶誠恐敬白、

(寛永四年)
正月十一日　　　中山王尙豐(花押239)

進上　黄門家久(島津)尊公

「(封紙ウハ書)
進上　黄門家久尊公　　琉球
　　　　　　　　　　中山尚豊」

光久等息災

家久秀忠ヨリ鷹ノ鶴ヲ拝領

答禮ノ使者竝ニ樽肴ヲ上グ

酒井忠勝酒井忠世ト相談シ披露ス

使者御前へ召出サル

二三九七　酒井忠勝書状(折紙)

猶以、御息様、何も御息災ニ被成御座候、聊以疎意存間敷候間、御心易可被思召候、以上、

尊書致拝見候、改年之御慶、先以目出申納候、然者、旧冬、従　相國様(徳川秀忠)、御鷹之靍被成拝領、遠国ゟ申、別而忝被思召之由、尤奉存候、就其、御使者以被仰上、將軍様(徳川家光)へも、御樽肴被成御進上候、雅樂頭(酒井忠世)致相談、遂披露、御紙面之趣、達上聞候之處、御使者　御前へ被召出、「御機嫌之旨、御直ニ被仰含、一段之御仕合共ニ御座候、随而、去年者、能時分御暇被進、早ゝ被成御歸国、御滿足ニ可被思召候由、奉得其意候、將又、私へ御國之ふし物一壺幷琉球酒一壺、被送下候、寔以遠路御懇志之至、忝次才、御礼難申上候、委曲期後音之時候条、不能

審候、恐惶謹言、

(寛永四年)
二月十二日

酒井讃岐守

忠勝(花押240)

(島津家久)
松平薩摩守様

貴報

家久家光ヘ琉球酒等ヲ進上ス

酒井忠世披露ス

御内書發給サル

二三九八　酒井忠世書狀(折紙)

尊書拜見仕候、(徳川家光)將軍樣、琉球酒壺壹幷御肴被成御進上候、具披露仕候處、一段御機嫌被思食、御内書被遣候、弥、從拙者方相心得可申入旨、御意御座候、將又、我ホ式迄、琉球酒壺壹被下候、誠遠路御懇意之段、別而忝次才、書中難申上候、此表相替儀無御座、兩(徳川秀忠・同家光)御所樣、御機嫌殘所無御座候間、御心安可被思食候、委細爰元之樣子、伊勢兵ア(貞昌)方可被申達候間、不能巨細候、恐惶謹言、

酒井雅樂頭

（寛永四年）
六月廿四日　　　　　　忠世（花押241）

松平［　］

二三九九　土井利勝書状（折紙）

土井利勝家久ニ十二月末江戸著ヲ指示ス

以上、

尊書拝見、奉忝存候、然者、御進物之度〻被遣　御内書候儀、忝思召之旨、奉得其意候、御帋面之趣、具申上候処、一段御機嫌共御座候、随而、當年江戸御參之儀、當秋之末ニ御国可被爲立之由、承候、寂前、伊勢兵部（貞昌）方へ如申談候、極月」廿四五日比ニ江戸御着候様ニ可然候間、可被成其御心得候、將又、兩通之如御目録、色〻被下置候、寔遠路より申、被爲入御念候段、別而奉辱存候、委細者伊勢兵ア方へ申達候間、可爲言上候、恐惶謹言、

（寛永四年）
七月廿一日　　　　　　土井大炊頭
　　　　　　　　　　　利勝（花押242）

珠姫死去
秀忠夫妻愁傷大方ナラズ
家久參勤ノ豫定

薩摩（島津家久）中納言様 尊報

二四〇〇 酒井忠世書状（折紙）

以上、

貴札忝拜見仕候、如被 仰下候、加賀之御前様（珠姫、前田利常室）被成御隠、 公方様（徳川秀忠）・御臺様（徳川秀忠室、淺井氏）、不大方 御愁傷之儀、御推量之外御座候、被入 御念、早ゝ御使札之趣、具ニ可申上候、將亦、頓而御國本を被成御出、御參勤可被成旨、何事も、其節以貴面可申上候条、不能詳候、恐惶謹言、

酒井雅樂頭

（元和八年）八月廿九日 忠世（花押243）

（島津家久）松平薩摩□□（守様カ） 貴報

四辻季繼家久ト會ヒ沈醉ス
季繼ヨリ箏ノ絲ヲ贈ラル

二四〇一　四辻季繼書狀（折紙）

已上、

誠昨日者、久〻ふて得御意、本懷候、事之外沈醉仕候て、無正躰罷歸候、將又、箏之糸進献候、明後日御下向之由承候、」一入御殘多存候、猶、期御上洛節候、恐惶謹言、

（寛永四年）
十一月八日　　　　季繼

四辻大納言

（島津家久）
薩摩中納言殿
御報

（封紙糊封ウハ書）
「薩摩中納言殿　　　　季繼

（墨引）　　　　四辻大納（言）」

二四〇二　飛鳥井雅宣書狀（折紙）

猶〻、薫棗一幷白鳥一、致進覧候、尚期後音之時存候、以上、

飛鳥井雅宣家久ノ永々在江戸ヲ労フ

御上洛之由、珍重存候、今度者、永〻御在江戸、御苦労奉察候、尤以參可得貴意候得共、先以使者申入候、如何様御逗留中、以參机可申入候、恐惶謹言、

（寛永四年）
十月三日　（飛鳥井）雅宣

（封紙ウハ書）
「松平薩摩守殿　（島津家久）」

家久鷹ノ鶴ヲ拝領ス

二四〇三　江戸幕府西丸年寄連署奉書（折紙）

一筆申入候、御鷹之鶴被遣候、委細、御留主居ゟ可被申達候、恐〻謹言、

（寛永五年）
霜月十一日

森川出羽守
重俊（花押244）

青山大蔵少輔
幸成（花押245）

永井信濃守
尚政（花押246）

土井大炊頭
利勝（花押247）

薩摩（島津家久）中納言殿
人々御中

二四〇四　江戸幕府西丸年寄連署鶴送状（折紙）

此鶴壱羽、自江戸至薩摩國、羽以下不損様、急々可相届者也、

寛永五辰
霜月十一日

（森川重俊）出羽（黑印6）〇印文「重俊」
（青山幸成）大藏（黑印7）〇印文未詳
（永井尚政）信濃（黑印8）〇印文未詳
（土井利勝）大炊（黑印9）〇印文「利勝」

右宿中

薩摩へ鶴ヲ下賜サル

二四〇五　土井利勝書状（折紙）

家久秀忠ヘ年頭ノ祝儀ヲ進上ス

爲年頭之御祝儀、御太刀一腰、御馬代黄金弐枚、御進上候、則、披露之処、御機嫌之旨、被成　御内書候、猶、期後音之節候、恐惶謹言、

土井大炊頭

（寛永六年）正月十五日　利勝（花押248）

薩广（島津家久）中納言様
人々御中

家光疱瘡ヲ患フ
氣色ハ良シ

二四〇六　牧野正成書状（折紙）

一筆啓上仕候、（德川家光）將軍様、今朝ゟ御疱瘡被成候、御氣色能被成御座之旨、申候、委曲者、何茂ゟ可被申上候、尙、追而、御吉左右可申上候、恐惶謹言、

牧野清兵衞

（寛永六年）後二月朔日　正成（花押249）

（島津家久）薩州様
参人々御中

二四〇七　土井利勝書狀（竪紙）

家光疱瘡ニツキ光久毎日登城ス

光久蘇鐵ヲ進上ス

家光眼前ニテ植ヘシム

猶以、今度、　將軍樣御疱瘡、薩广守殿（島津家久）、無御心元可被思召候、就其、爲御見廻使者も無用之由、被　仰出候へ共、薩广守殿御事者、以使者被仰上可然候、以上、

一筆申入候、□□（先剋）者、從又三郎殿（島津光久）爲御使御出之由候、然者、　將軍樣（德川家光）御疱瘡付而、又三郎殿每日兩御城へ御登城之由、承候、御足も未御不自由ニ候間、爲御使、貴殿日一度宛御登、年寄衆へ被仰入尤候、先度又三郎殿西御城へ御登城之樣子をも、御序御座候て申上候、將又、先日又三郎殿ゟ御進上之蘓鉄、御機嫌御座候て、御滿足之通、可申入之旨御座候、右之段、可預御心得候、蘇鉄一段御意ニ入申、御自身被成　御覽、爲御植、殘所無之御仕合共御座候、恐ゝ謹言、

（寛永六年）
閏二月二日　　利勝（花押250）

「（端裏捻封ウハ書）
土大炊頭
□（利）勝」

伊勢□（兵）部少殿（貞昌）

家光疱瘡ヲ患フモ氣色良シ
參府ハ堅ク無用ト仰出サル

二四〇八　江戸幕府本丸年寄連署奉書(折紙)

以上、

急度致啓上候、然者、将軍様(徳川家光)、被成御疱瘡候處、御氣色一段能御座候間、御心易可被思召候、就其、爲御見舞、自然參勤之方も可有之歟と思召、堅無用之旨、被　仰出候之間、可被成」其御心得候、恐々謹言、

(寛永六年)
閏二月三日

稲葉丹後守
正勝(花押251)

內藤伊賀守
忠重(花押252)

酒井讃岐守
忠勝(花押253)

酒井雅樂頭

忠世（花押254）

（島津家久）
薩广中納言殿
人〻御中

（封紙糊封ウハ書）
「（墨引）

薩摩中納言殿

ゟ

酒井雅樂頭
酒井讚岐守
內藤伊賀守
稻葉丹後守」

家光ノ疱瘡快方ヘ向フ

二四〇九　土井利勝書狀（折紙）

一筆致啓上候、隨而、將軍様（德川家光）、被成御疱瘡候、一段御機嫌能、早御痘も悴中候間、被成御氣遣間敷候、委細者、從酒井雅樂頭（忠世）・酒井讚岐守（忠勝）・內藤伊賀守（忠重）・稻葉」丹後守（正勝）可被申達候間、不能詳候、恐惶謹言、

土井大炊頭

(寛永六年)閏二月八日　　利勝(花押255)

(島津家久)松平薩摩様

人々御中

相良頼寛家久ヘ家光疱瘡快癒ノ様子ヲ傳フ

二四一〇　相良頼寛書状(折紙)

尚々、拙者も、爲御見廻江戸へ可致伺公と奉存候処ニ、先以控申候、爲御存知申上候、已上、

先ニ者、(徳川家光)公方様御疱瘡之通、被仰知、忝奉存候、(相良長毎)左兵衞佐所ゟも、當月六日之飛札、今朝參着申候、御疱瘡御輭被成、日々御平愈之由候、誠々天下之御大慶、不被奉過之御事ニ候、」貴殿様御喜悦奉察候、御同事之至候、恐惶謹言、

三ノ刻(寛永六年)後二月廿八日　　相良壱岐守

頼(頼寛)(花押256)

(島津家久)薩州中納言様

人々御中

家久江戸城普請ニツキ角石百ヲ進上ス

二四一一　土井利勝書状（折紙）

以上、

當年就江戸御普請、角石百、如御目録御進上、則、遂披露候處、遠路被入念之旨、被仰出、　御内書被遣候、委細者、従伊勢兵部少（貞昌）可被申達候間、不能詳候、恐〻謹言、

（寛永六年）
三月十九日　　　土井大炊頭
　　　　　　　　　利勝（花押257）

薩广（島津家久）
中納言殿
　人〻御中

（封紙糊封ウハ書）
「薩广
中納言殿　　　　　　利勝
　人〻御中

封　　　　　　　　土井大炊頭」

進上ノ角石

家久秀忠家光へ見舞ノ使者ヲ遣ハス

秀忠へノ進

二四一二　土井利勝角石請取状（竪紙）

進上

角石　　百本

たもて三尺ゟ弐尺七寸之間、

長さ六尺五寸六寸、六尺之間、

以上、

右之石、江戸ニてあかり申候、以上、

（寛永六年）
三月十九日　　　土井大炊頭（利勝）（花押258）

（島津家久）
松平薩摩守殿

二四一三　土井利勝書状（折紙）

貴札拝見、忝奉存候、然者、両（徳川秀忠・同家光）御所様為御見廻、以御使者被仰上、大（徳川秀忠）御所様へ、巻物廿之内、きん（絹）十・繻子十、并赤貝之塩辛一壺・灰入十・底取ほうろく（焙烙）

物ヲ土井利勝披露ス
使者御前ヘ召出サル

十、被成進上候、則、遂披露候處、遠路被入御念之段、御機嫌不大形御座候、」則、御使者、御前へ被召出、無殘所仕合御座候、如御帋面、旧冬被成進上候ヘうろくそこ取ゟ、弥燒間見事ニ御座候而、御機嫌御座候、委曲、鎌田監物殿可爲演說候、恐惶謹言、

土井大炊頭

（寛永六年）
三月廿一日　利勝（花押259）

（島津）
家久様
貴報

家久有馬領境目ノ築ニツキ伊東祐慶ニ書状ヲ送ル
祐慶秋月種春見分ノ者ヲ遣ハス

〔御文書　家久公廿四　二十四通　巻廿九〕

二四一四　伊東祐慶書状（折紙）

態以使札致啓上候、先日者、綾表御領内（日向諸縣郡）ゟ、有馬殿（直純）領分堺目之築之儀ニ付而、爲入御念、預御書中、得其意存候、就夫、秋月殿（種春）・拙者式人を差越候而、堺之様子、先見置可申之由ニ候つる、尤、則申付、堺をも見さ申度存候へ共、猶以、」細ゝ得御意、其後菟角御相談可申ゟ存、以使者申入候、巨細之段、用口上候間、不能詳候、恐惶謹言、

伊東修理大夫
祐慶（花押260）

（寛永六年）十月八日

（島津家久）松平薩州様
人ゝ御中

（封紙糊封ウハ書）
「松平薩州様　参
祐慶
（墨引）伊東修理大夫」

家久ト有馬直純トノ堺目出入伊東祐慶堺目ヘ使者ヲ遣ハス家久禮ヲ述ブ

二四一五　伊東祐慶書狀（折紙）

態以使札令啓候、先日者、薩广守殿（島津家久）ゟ預御飛札候、然者、綾表御領內（日向諸縣郡）ゟ、有馬（直純）殿領分堺目築之儀ニ出入共御座候由、承候間、彼地へ使者差遣候処ニ、爲御礼蒙仰、忝存候、就夫、秋月殿（種春）・拙者式、彼堺目ヲ見置申候樣ニとゟ被仰越候、尤、可任其意候へ共、猶ともも得御內證、其上ニ而如何樣ニも」御相談可申ゟ存、以使者申入候、委細、長倉監物・野崎十左衞門尉可得御意候間、不能巨細候、恐ゝ謹言、

（寛永六年）十月八日　　伊東修理大夫　祐慶（花押261）

伊勢兵部少輔（貞昌）殿

三原備中守（重種）殿

町田圖書頭（久幸）殿

嶋津下總守殿(久元)
御宿所

祐慶

(封紙糊封ウハ書)
「嶋津下總守殿
町田圖書頭殿
三原備中守殿
伊勢兵部少輔殿
參

(墨引)

伊東修理大夫」

東國大名江戸城廻ノ普請用意ニ奔走ス

家久家光御成ニツキ用

二四一六　寺澤廣高書狀(折紙)

御歸國以後之御□□不承候、此方相替儀無御座候、又三郎殿(島津光久)・又十郎殿(島津久直)、御息災ニ御入候、御心安可被思召候、仍、來年、　御城廻之御□(堀カ)被　仰付之由候て、東之衆、御普請用意、殊外之儀ニ御座候、就其、□□へも、石舟御やとい被成□(候)由ニ候間、伊勢兵ア(貞昌)致□、藤泉州(藤堂高虎)と申談候、其樣子者、委自兵部□被申達候、次、御手前　御成之御用意ニ付□(而)、御數寄屋之□□可被仰付候、是

ハ、定□□可被　仰候、　兩上□〔様〕（徳川秀忠・同家光）御兄才〔弟〕様、其□□□被申候衆之跡

□□下知ニて仕候、若よの衆ニ被　仰付候ハヽ、　上様へ之御あいさつ

も如何ニ候間、□〔存〕寄候段、申入候、先日、兵ア□□〔少〕尋まて候間、此旨申候、

相國様（徳川秀忠）ハ、萬事御數寄□〔之カ〕様子、古田織ア（重然）被□□一筋を被遊候、其御心得尤ニ

候、猶重而可得御意候、恐惶謹言、

（寛永六年）十二月二日　　寺澤志摩守

　　　　　　　　　　　　　廣高（花押262）

（島津家久）薩广中納□

意ヲス

二四一七　土井利勝書状（切紙）

土井利勝ニ歳暮ノ祝儀ヲ贈ル

爲歳暮之御祝儀、御小袖五被下置候、誠以遠路被爲入御念之段、忝奉存候、猶

期後慶候、恐惶謹言、

土井大炊頭

家久西丸ノ能ニ招カル

（寛永六年）
極月廿九日　利勝（花押263）

（島津）
家久様
人々御中

二四一八　江戸幕府西丸年寄連署奉書（切紙）

明日、於西丸、御能被仰付候之間、可有見物之旨、上意候、従早々御登城、尤候、恐々謹言、

（寛永五年）
三月廿七日　永井信濃守
尚政（花押264）
井上主計頭
正就（花押265）
土井大炊頭
利勝（花押266）

薩摩（島津家久）
中納言殿
人々御中

家久公方様御座所ニテ能ヲ見物ス

二四一九　土井利勝書状（竪紙）

猶ゝ、被爲入御念之通、具ニ可申上候、以上、

尊書忝拜見仕候、隨而、昨日御能之刻、公方様（徳川秀忠カ）御座所ニおゐて御見物、御滿足之旨、奉得其意候、御帋面之趣、具ニ可申上候、猶貴面之節、旁ゝ可得尊意候、恐惶謹言、

（寛永五年）七月二日　利勝（花押267）

（切封ウハ書）
「（墨引）　（島津）家久様　土井大炊助」

二四二〇　酒井忠勝書状（竪紙）

猶以、今日、御登城之儀、必御無用ニ可被成候、御帋面之趣、可申上候間、御心易可被思召候、以上、

家久江戸城本丸ノ能ニ招カル
家久煩フ故土井利勝ニ問合ハス
屋敷ニテノ養生ヲ勧メラル

尊書致拝見候、然者、今日於御本丸御能就　仰付、可被致登城之旨、被仰出候付、爲御礼、昨日被成御出仕候由、奉得其意候、然共、此中少被成御煩候故、ひさいを御そり不被成候而も不苦候哉と、土大炊方(土井利勝)へ被得御内意候処、今日者、先ゝ御宿ニ御座候而、被成御粮生可然之旨、被申入之由、尤ニ奉存候、御帋面之趣、具ニ可達　上聞候間、緩ゝと御粮生可被成候、委曲、面上之節、可得尊意候間、不能具候、恐惶謹言、

(寛永七年)
九月十二日　　忠勝(花押268)

酒井讃岐守

「(端裏捻封ウハ書)
(墨引)　(島津家久)
薩广守様　　忠勝」
尊報

江戸城西丸ノ茶會ニ招カル

二四二一　江戸幕府西丸年寄連署奉書(折紙)

明十四日之晝、於西丸御茶可給之旨、被　仰出候之間、其御心得候て、可有御登城候、恐ゝ謹言、

森川出羽守
重俊（花押269）
青山大蔵少輔
幸成（花押270）
永井信濃守
尚政（花押271）
土井大炊頭
利勝（花押272）

（寛永七年）
九月十三日

（島津家久）
薩摩中納言殿
人々御中

二四二三　土井利勝書状（竪紙）

土井利勝家久ニ登城セ

以上、

尊書拜見仕候、隨而、明日御登　城之儀、必々被成御無用之、御養生專一之存

ズ養生セル様勸ム

家久酒井忠世ヲ訪問ス家久鷹ノ鶴ヲ拜領ス

候、御紙面之通、具ニ可申上候、恐惶謹言、

(寛永七年)九月十四日　利勝(花押273)

「(端裏捻封ウハ書)
(墨引)　家久様
尊報　土井大炊頭
利勝」

二四二三　酒井忠世書状(竪紙)

猶以、十日朝被召寄候儀、過分至極ニ候、必致祗候可申上候、以上、

今朝者御尋被成之由、忝奉存候、(安藤重信)安對馬所へ参、不得御意、迷惑仕候、昨日、御鷹之靏被成御拜領、御満足ニ被思召之旨、則御鷹場へ申遣候、何様以参上可申上候条、不能詳候、恐惶謹言、

(寛永七年)十二月六日　忠世(花押274)

「(端裏捻封ウハ書)
(墨引)　松平薩广守様(島津家久)
人々御中　忠世
酒井雅樂頭」

土井利勝年頭ノ禮ニツキ通達ス

二四二四　土井利勝書狀（竪紙）

昨日者、貴札奉忝存候、然者、年頭之御礼之儀、被仰下候、唯今迄者、例年ニ相違無御座候、若相替儀も御座候ハヽ、可申達候、御左右不申上候ハヽ、例年之御𧝹〔裝〕束ニ而可被爲成御登城候、恐惶謹言、

（寛永七年）
極月廿七日　　利勝（花押275）

（端裏捻封ウハ書）
「（墨引）　土井大炊頭
家久□〔樣〕　　利勝」

島津光久御前ニテ元服薩摩守ニ任ゼラレ家光ノ一字拜領

二四二五　金地院崇傳書狀（竪紙）

以上、

先刻、預御使札候、令他出、只今令拜閲候、又三郎樣（島津光久）、今朔日、於　御前御元服、薩摩守御拜任、則、御名乘之御字、御拜領之旨、珎重ニ存候、就夫、御家御

以心崇傳名乘ヲ考フル様命ゼラル

代〻通字、家・久兩字之内及相考可申由、則別紙ニ書付進上申候、目出度存候、猶、以參上、御祝義可申上候、恐惶謹言、

(寛永八年)
卯月十六日　(以心)崇傳(花押276)

(端裏捻封ウハ書)
「(墨引)　松平大隅守様(島津家久)　國師」

酒井忠行頻ニヨリ島津邸訪問ヲ謝絶ス

二四二六　酒井忠行書狀(竪紙)

尊書忝致拜見候、如被仰下候、明晩之儀、何様ニも致伺公度存、機合(氣)養性仕候へ共、于今然〻共無御座候之間、其段、先刻伊勢兵部(貞昌)方迄申入候、拙者儀者、何時成共、重而御次之刻、被召寄候者、可承候、明晩不致祗公候義、一入迷惑仕候、恐惶謹言、

(寛永八年)
卯月廿八日　忠行(花押277)

酒井阿波守

(端裏捻封ウハ書)
「(墨引)　薩摩中納言様(島津家久)　尊報　忠行」

秀忠胸ヲ病ム

土井利勝毎朝登城

諸大名モ七月廿九日ヨリ毎日登城

二四二七　寺澤廣高書状(折紙)

以上、

伊勢兵ア少輔(貞昌)ゟ早打進上被申候間、一書致啓上候、然者、相国様(徳川秀忠)、六月初時分ゟ　御胸を被爲痛候ニ付而、土井大炊(利勝)殿、七夕時分ゟ毎朝早〻御登　城ニ候、此比ハ、弥　御氣色惡敷御座候樣ニ承、各諸大名衆も、去十九日ゟ、毎日登　城ふて御座候、定而、」頓而可爲　御快氣与存候、相替儀も御座候ハゝ、兵ア少輔申談、重而可申上候、委細者、從兵ア可被申達候間、不能詳候、恐惶謹言、

(寛永八年)七月廿二日　　寺澤志广守

廣高(花押278)

(島津家久)松平大隅守様

人〻御中

家久歸國
秀忠ノ容躰京ヘ傳ヘラル
節々痛ミアリ
上方衆ノ見舞伺候ハ留メラル
家久モ使者ヲ進上スルガ良シ
秀忠寸白氣

二四二八　松平定綱書狀（折紙）

猶以、右之趣、於上方もミなく〳〵氣遣仕候處ニ、十七日、　御社參之由承、安堵仕候、指而
御氣遣御座有間敷候、以上、

御歸國以後、御左右も不承候、弥ゝ御無事、御息災可有御座と奉察候、此表御通之刻、種ゝ得尊意、大慶至極ニ御座候、然者、從江戸、　相國様（徳川秀忠）　御機嫌之樣子、京都ゟ申來、承及候通、致啓上候、節ゝ御痛御座候て、各氣遣仕候、於其地も、無御心元可思召候、定而、兵ア少輔（伊勢貞昌）注進可被仕候へとも、此方ゟも次飛脚よて申來候間、先ゝ、大坂御留守居」方ゟ申入候、何も上方衆、自然今度御氣色ニ付而、御見廻伺公被申候衆於有之者、留申候へと、板防州（板倉重宗）迄、宿老中より申來候、其御樣よりも、いそき御使者進上被成、御尤ニ御座候、御煩者、相國様御寸白氣之由、被及聞召之由被仰上、御尤ニ御座候、委細、別帋啓上候、追ゝ得貴意候、恐惶謹言、

松平越中守

（寛永八年）
七月廿三日　　　　定綱（花押279）　（黒印10）○印文「定」

隅州（島津家久）
中納言様
　　　　人々御中

（糊封ウハ書）
「（封印1）松平越中守殿自筆之状
　　未七月廿三日ノ日付
（封印2）　（墨引）　」

二四二九　松平定綱書状案（折紙）

江戸ゟ中來、承及候通、今啓上候、
（徳川秀忠）
相國様、御寸白指出、御脇下御いたミ被成、御大便滞り申由、
御膳者はゆのことく被召上候由、其後、御痛御むねさきへより、時々御痛所相
替、御腹筋引詰候様ニ被思召候由、
同十六日、針立壽三、下着仕、御腹ニ針三本御立被成候由、

秀忠寸白差出ス

痛ミ胸先へ寄リ腹筋引キ詰ム

鍼醫壽三下著シ療治ス

大便通ジ食事モ攝ル

家光悦ブ

秀忠紅葉山ヘ社參ス

今回ハ灸效カズ腹中重ク食欲ナシ

同十六日、御大便御通、御快被思召候由、
同、御膳も能被召上候由、
將軍様（徳川家光）、不大形、御機嫌能被成御座候由、
同十七日、御社參御座候、御痛之様躰、御痰ゟ御寸白ニ而、可有御座と、醫師」
被申上候由、実正不被存之由候、當春者、御灸あそはし、御相應被成候得共、
今度ハ、御灸あまり御相當無御座候由、御煎藥、二三日被召上候へ共、結句御
腹中をもく思召、其後不被召上候由、御大便も、二日三日ニ御通御座候由、
右之趣、去十七日之日付ニ而申來候間、定而、此比者、弥御快氣ニ而可有御座
候、以上、

（寛永八年）七月廿四日　松平越中守（定綱）

（島津家久）中納言様

秀忠ノ膳ハ常ノ如シ

秀忠腹腰等ニ激痛アリ

腹ニ灸竝ニ半井成近ノ藥ニテ輕快ス

二四三〇　松平定行書狀（折紙）

猶〻、　相国樣御不例、何も機遣（氣）ニ奉存事候、併、御膳ふと如常被召上、御氣色者左程之御事ニ而も無御座候由、承候条、御心安可被思召候、定而、江戸、伊勢兵ア少殿（貞昌）ゟ委細可被申上候条、不能詳候、以上、

急度令啓上候、御下向以來者、以愚札不申達、無音所存之外候、海路御無事御歸国被成候哉、承度奉存候、然者、　相國樣（徳川秀忠）、従先月御胸被爲痛、御機嫌能も御座不被成候、就中、當月十二三日比ゟ、御腹・御腰事外被爲痛、御氣色然〻共不被成御座候由、申來候、下〻機遣（氣）ニ奉存御事候、併、去廿一日、御腹ヘ御灸二所被遊、其上駘庵（半井成近）御藥被召上、少御痛も和キ、御機嫌能御座候由、承及候」条、御心易可被思召候、不及申候へ共、爲御見廻、御年寄中迄早〻御使者被遣、御尤奉存候、自然替御事も御座候者、重而御左右可申上候、恐惶謹言、

（寛永八年）七月廿六日

松平隱岐守

定行（花押280）

(島津家久)
隅州様
人〻御中

二四三一 江戸幕府本丸・西丸年寄連署奉書(折紙)

秀忠寸白差出ス見舞ノ參府ハ堅ク無用ト命ゼラル

(徳川秀忠)
相國様、如當春御寸白差出、御煩敷御座候、就其、為御見急度致啓達候、
廻江戸御參之儀、堅無用之由、御諚候之間、可被得其意候、御氣色之御様子、御灸ふと被遊、被為得御驗氣候、可御心安候、恐〻謹言、

(寛永八年)
八月三日

永井信濃守
尚政(花押281)
酒井讃岐守
忠勝(花押282)」
土井大炊頭
利勝(花押283)
酒井雅樂頭

忠世（花押 284）

薩摩（島津家久）中納言殿
人々御中

二四三二　土井利勝書状（折紙）

土井利勝年寄連署奉書ノ趣ヲ傳フ

以上、

一筆致啓上候、然者、相國樣（徳川秀忠）、如當春御寸白指出、御煩敷御座候、御灸なと被遊、近日者一段被爲得御快氣候、就其、各無御心元思召、若御參可有之乎被爲思召、左樣之儀必無用之旨被　仰出付而、以連狀申達候、委細者、從伊勢兵部（貞昌）」少可被申上候間、不能詳候、恐惶謹言、

土井大炊頭

（寛永八年）八月三日　利勝（花押 285）

（島津）家久樣

秀忠灸治
牛井成近藥ヲ處方ス
京都ヨリ下向ノ牛井成信モ藥ヲ處方ス

二四三三　松平定綱書狀(折紙)

以上、

追而令啓上候、相國様(德川秀忠)御灸被遊、駆庵(牛井成近)御藥進上、追日御快氣ニ御座候由、去月廿六日通仙院(牛井成信)下着被仕、廿八日御脉被伺、則御藥進上被申候處ニ、一段御相應、御痛も弥被爲和候由、被　仰出旨、先月廿九日次飛脚之御注進、京都ゟ承候、目出度御事、此上御座有間敷候、去廿二日ゟ日ヽ御吉左右」御座候間、各安堵、大慶、何方も御同意ニ御座候、其地へも御注進可有御座候得共、先ヽ、大坂御留守居之方江任的便、狀進上候、追ヽ可得尊意候、恐惶謹言、

(寛永八年)八月四日松平越中守

定綱(花押286)

(島津家久)中納言様

人ヽ御中

家久家光ヘ樽肴ヲ進上ス

二四三四　堀田正盛書狀（折紙）

尊書致拜見候、仍、（徳川家光）公方樣ゟ御樽肴被成御上候之処、首尾能上り、則御使者、御前へ被召出候、將亦、私方へ茂、鰹節五百幷諸白大樽一荷、被懸御意、忝奉存候、猶、期後音之節候、恐惶謹言、

堀田加賀守

八月廿二日　　　正〔盛〕（花押287）

（島津家久）松平大隅守樣

貴報

（封紙糊封ウハ書）「松平大隅守樣　　正盛

貴報

（墨引）　　　　堀田加賀守」

秀忠臍脇ノ灸ニテ輕快

二四三五　松平定綱書狀案（折紙）

（徳川秀忠）相國樣頃御氣色樣躰、先月廿一日、御臍之きニ所御灸十程宛被遊、一段御快被　思召候由、同廿二日、御臍上下ニも被遊候由、同廿三日四日、十一之

食モ進ム

毎日灸治ス

寂初ノ病狀ノ注進ハ大事ノ如シ

前田利常松平忠昌井伊直孝等急ギ參府ス

京近邊ノ大名ノ參府ハ留メラル

參府中ノ大名歸國ヲ命ゼラルルカ

家久ハ遠方故內意ヲ得テ伺候スルガ良シ

兪・十四之兪御灸被遊、弥以御快驗、御食事も次才ニ御快被召上候由、廿六日迄者、毎日御灸十壯十五壯つゝ被遊候由、大形御灸ニ而御大驗御座候由、(半井成信)通仙院御藥進上被仕、弥御相應ニ被思召候由、御座候間、猶以透ゝ御本復可有御座と、各被申越候、目出度御事ニ御座候、右之通、御氣色御快氣之由ニ御座候得共、寂初御注進、少御大事之樣ニ申來候ニ付、」此近国衆各下向被申候、(前田利常)加賀・(松平忠昌)越前・(井伊直孝)伊井掃ア・(松平定行)隱岐守・道通之衆、不殘伺公被申候、今日、本多(忠政)濃州、此表下向ニ而御座候、京近邊之衆者、卒尒ニ罷下候儀無用ニ可仕旨、上意之由御座候間、承合候、定而、下向之衆、各自中途も歸国ニ而可有御座候、其地御事、遠方ニ而御座候間、被爲伺御內意、御伺公御尤ニ奉存候、當時御病躰、御氣遣少も御座有間敷候由、御近侍衆ゟ被申越候、以上、

(寛永八年)八月廿四日　　　　松平越中守(定綱)

(島津家久)中納言樣

家久歸國御禮ノ使者ヲ遣ハス
使者御前ヘ召出サル

二四三六　阿部忠秋書狀（折紙）

預貴札、致拜見候、然者、今度、道中御無事ニ、御國本御參着被成候付而、使者を以被仰上候、各被遂披露候處ニ、御使者、御前ヘ被召出、一段之御仕合ニ御座候、次、私ゟさへ、「南都」諸白兩樽幷鰹之節壱箱、被懸御意、忝奉存候、猶、期後音之時候、恐惶謹言、

（寛永八年）
八月廿四日　　阿ア豐後守
忠秋（花押288）

（島津家久）
松平大隅守樣
貴報

家光機嫌伺ノ使者ヲ遣ハス

二四三七　太田資定宗資書狀（折紙）

尊書致拜見候、（徳川家光）公方樣御機嫌之御樣躰、爲被聞召度、御使者被差下之旨、御尤存候、弥御息災被成御座候間、可被易貴慮候、將又、道中御無事御歸国、緩〻御休息被成之由、珍重存候、隨而、「御國之鰹節」一箱幷南都諸白兩樽、被

家久ノ歸國御禮進物受納サル
使者御前ヘ召出サル

懸御意候、誠以御懇情之段、忝奉存候、猶期後音之時候、恐惶謹言、

太田備中守
資定（花押289）

（寛永八年）
八月廿五日

薩摩（島津家久）中納言様
尊報

（封紙糊封ウハ書）
「薩摩
中納言様　　太田備（中守）□□」

二四三八　松平信綱書狀（折紙）

尊札致拜見候、然者、（徳川家光）公方様、弥御機嫌能被成御座候間、御心安可被思召候、随而、今度首尾能御暇被遣、忝被思召付、以御使者被仰上候処、御進物御仕合能上り、御使者則　御前ヘ被　召出、早ゝ御念之入候段、　御機嫌被思」召之旨、　御直被　仰含候、次、私江南都諸白兩樽幷鰹節一箱、被懸御意、誠乍每、遠路御懇情之段、忝奉存候、委曲、御使者可爲演說候、恐惶謹言、

松平伊豆守

信綱（花押290）

（寛永八年）
九月二日

（島津家久）
松大隅守様

尊報

（封紙糊封ウハ書）
「松大隅守様

尊報

信綱

松平伊豆守」

（墨引）

秀忠不例
光久參府ノ用意ヲス

氣色ハ遂日快氣

二四三九 酒井忠勝書状（折紙）

以上、

〔尊〕
□書致拜見候、然者、（擡頭）（徳川秀忠）相国様、御不例之儀ニ付而、（島津光久）薩广守殿、重而之御□
□御下向可被成と□旨、用意被成之由、奉得其意候、度ゝ被入御□
之趣、具ニ□〔達〕上聞候、随而、御氣色、遂日被爲得御快□□□〔氣御膳〕も如常被召上候
間、□□□□〔御心安可〕被思召候、弥以、當地御參勤之儀、御延引□〔被〕成、尤奉存候、猶、期
後□〔音之時候間カ〕不能詳候、□〔恐〕惶謹言、

（寛永八年）（九月）□□十日　酒井讃岐守
忠勝（花押291）

（島津家久）大隅守様
尊報

家久參府ヲ急グ
正月十五日以前ノ出立ヲ禁ゼラル

二四四〇　江戸幕府年寄連署奉書（折紙）

尚〻、正月十五日ゟうちは、国元被罷出候事、必御無用候、以上、

急度申入候、就江戸參上之儀、早〻国元被相立之様、被　聞召候、然者、従正月十五日以前、国本被罷出候事、堅無用之由、被　仰出候、可被得其意候、恐〻謹言、

（寛永十一年）
九月廿七日

堀田加賀守
正盛（花押292）

阿部豊後守
忠秋（花押293）」

松平伊豆守
信綱（花押294）

土井大炊頭
利勝（花押295）

薩摩（島津家久）
中納言殿
人々御中

家光家久ヘ鐵炮ノ白鶴ヲ下賜ス

二四四一　江戸幕府年寄連署奉書（折紙）

昨日、爲御狩被爲　成、以御鉄砲被遊候白鶴、被遣候、委曲、從御留守居衆、可被申入候、恐々謹言、

（寛永十一年）
九月晦日

堀田加賀守
正盛（花押296）
阿部豐後守
忠秋（花押297）
松平伊豆守
信綱（花押298）
土井大炊頭
利勝（花押299）

薩摩（島津家久）中納言殿
人々御中

土井大炊頭
松平伊豆守
阿ア豊後守
堀田加賀守

（封紙ウハ書）
「薩摩
中納言殿

土井大炊頭
松平伊豆守
阿ア豊後守
堀田加賀守」

二四四二　寺澤廣高書狀（折紙）

已上、

鎌田出雲（政近）被罷歸候間、令啓上候、相國様（徳川秀忠）御氣色、追日被成御快氣、御見廻ニ登　城之儀も、日を問ぬき可申之旨、御年寄衆被仰、何も其通ニ御座候、薩摩守（島津光久）殿、朔日・十五日之外ニハ、一日おきニ登　城被成候間、御供仕候、

一、八月十日ニ、伊勢兵ア少輔（貞昌）ゟさへ之便宜ニ被下之御書、拜見申候、御見廻ニ

秀忠ノ氣色追日快氣
幕府年寄見舞ノ間隔ヲ明クル樣指圖ス
寺澤廣高光久ノ登城ニ付添フ
家久見舞參府ヲ止ム

加藤嘉明歿ス

關東八州ノ大水大風

酒井忠世屋敷火事

御参用意被成候へ共、大炊殿（土井利勝）ゟ仰ニ付而、御やめ被成之由、御尤ニ候、何も、中途迄参上之」衆も、被罷帰候、

一、加藤左馬助（嘉明）、去月十二日之夜五ッ時分ニ、被相果候、跡之儀、子息式部少輔（加藤明成）ニ被仰付、今朝被罷下候、

一、八州之大水大風、何共可申躰も無御座候、于今、栗橋（下總葛飾郡）通道ハ成不申候、東海道も、濱松（遠江濱名郡）迄大雨ニて御座候、京都近郷近国ハ、さほと無御座様ニ申ふし候、酒井雅樂殿（忠世）屋敷、去月廿五日之夜、夜半時分火事参、不残焼申候、類火ハ、別之所へ無御座候、此御見廻ニも、薩摩守殿（島津光久）御供仕候、何も、爰元之様子、鎌田出雲可申上候、恐惶謹言、

寺澤志广守

廣高（花押300）

（寛永八年）十月三日

松平大隅守様（島津家久）

人々御中

江戸へ使者等遣ハサレ然ルベシ

秀忠ノ病本復ハ成リ難シ

酒井忠世ノ屋敷火事ニテ全燒

細川忠興幕府宿老ヨリ

二四四三　松平定綱書狀（折紙）

猶〻、先日、江戸御使者之時分、御報ふろら、尊札拜見、忝奉存候、右之段、各より御仰達も可有御座候へとも、承存候通、致啓上候、御內〻、御心持尤奉存候、節々、江戸へ、御使者まても御進上、可然奉存候、隱岐守（松平定行）、大形今年ハ存（在）江戸仕候、江戸より可被申上候、惡筆、御□分間敷と、令省略候、以上、

追而啓上仕候、（擡頭）相國樣（德川秀忠）、御機嫌、少御痛被爲和、御食事被召上と申ふろら、久御煩故、事之外御草臥、御顏色惡御座候由、何邊ニも、御本復ハ御座有ろさきよし、去方より、被爲申聞候、併、くまきう（火急）ニ御詰も被成間敷候也、御長引可被成由、醫者衆よりも被爲申聞候、大事之御事と奉存候、

一、先月廿五日、酒井雅樂（忠世）殿屋敷火事出來、悉燒失之由、申來候、御機遣（氣）被成と（可脫）申候、」笑止成儀ニ御座候、乍去、類火も無御座由、安堵仕候事、

一、細川三齋（忠興）、先月初より上懸江戸、　御機嫌御伺可有下向由御座候處ニ、、先ニ歸國可然樣、宿老中より申來候由、五三日以前、下國まて御座候、何方

帰國ヲ命ジラル

も、　相國様御機嫌、御本復分之御取沙汰よて御座候、遠路之儀ニ御座候間、相替儀無御座候者、重而節〻御左右、申上間敷候、追而可得尊意候、恐惶謹言、

松平越中守

定綱（花押301）

（黑印11）○印文「定」

（寛永八年）十月十一日

（島津家久）中納言様

人〻御中

二四四四　松平定綱書狀（折紙）

こつまノ庄屋江戸ヘ下向シ寸白ノ貼藥ヲ上グ

以上、

一筆令啓上候、（徳川秀忠）相國様御機嫌、弥御快然之由ニ御座候、和泉（攝津勝間カ）こそまと申所ニ、甚丞と申庄屋、寸白之張藥〔貼〕、妙藥を存、彼者罷下、御藥被爲付候処、一段御相應、此比御痛被爲和、御食事も御快被召上候由、日〻（徳川和子、東福門院）國母様ゟ御至〔到〕

上方洪水大風吹ク
關東モ大風大水
古河栗橋ノ大川堤崩ル

來御座候、誠以目出度御事、此上御座有間敷候、然者、上方、先月中旬洪水、」大風吹申候、併、當城大破も無御座候、御心易可思召候、關東も、近年無御座大風大水、古河(下總葛飾郡)・栗橋(下總葛飾郡)之大川堤切、江戸迄一面ニ水湛、五三日舩ニ而往還、人馬一万ニ及流漂仕候由、申來候、甚御國御無事ニ御座候哉、承度奉存候、猶、追而可申上候、恐惶謹言、

松平越中守

(寛永八年)十月十一日　定綱(花押302)

(島津家久)中納言様
人ゝ御中

家久細川忠利ニ大鷹ヲ贈ル

二四四五　細川忠利書狀(折紙二紙)

(第一紙)
『(細川忠利自筆)「先度、御下候大たか、只今、とや(鳥屋)を半とけ候、見事ふる御たかニて、一入忝存候〳〵、以上、」

十月廿六日之御飛札、同廿八日ニ拝見仕候、

一、正月十五日より内者、御国を無御出様ニとの　御奉書之写、被下候、拜見仕候、御安堵察入存候事、

一、先度、南蛮宗之儀承通、兵部(伊勢貞昌)迄内證申入候キ、

一、右承候様子ハ、九州之内、定而方々ニ、未きりしたん御座候ハんと存候、何と仕候而も、すきと改切候事不成りけにて候間、連々改可申と申遣候處ニ、御国ニも未貴理師旦可在之様ニ沙汰、長崎にて申候由、申來候ニ付而、九州何方も、重而ハきりしたんの御改可有御座と察申候間、承通、御内儀」申入候キ、右之外ニハ不承候、其許御穿鑿之通、具ニ被仰越、此外ニハ何と可被成様も無御座儀ニ候、猶又、連々可被聞召付より外之儀ハ無御座と、存候事、

一、長崎御奉行衆へも、内々にて御尋候ハんとのよし、上意にて無御座候者、縱被爲候事御座候共、御返事ハ慥ニ被仕間敷と察申候、更共、不苦儀ニ御座候間、御国、随分きりしたん御穿鑿被成候、若又、長崎にて御せんさくに

正月十五日ヨリ内ノ國元出立禁止ノ奉書

南蠻宗ノ儀

九州ノ内未ダきりしたんアリ

長崎ニテ薩摩ニきりしたんアリト沙汰ノ九州ニテ重ネテきりしたんノ改メアルベシ

家久長崎奉行へ内々ニ尋ヌル事アリ

薩摩ニテ随分きりした

んノ穿鑿アリ
此度ハ件天連入滿同宿マデノ改メ

家久鷹ノ鶴ヲ拜領ス
秀忠追日快氣
光久見舞ノ爲切々登城

との刻、其御国ニきりしたんふと御座候様ニ被聞候者、内證ふて、被知候様ニ被仰遣候へハ、尚〻御念入候様ニも可有御座候哉、此度之御改ハ、件天連・入滿・同宿』（第二紙）までの御改ふて御座候間、右ニ書如申、きりしたん之儀者、何共御返事ハ被申間敷と存候間、弥そろ〳〵被聞召付候ゟ外之事ハ、御座有間敷と存候、此分、我ホ心底、不殘如斯御座候、恐惶謹言、

細越中

（寛永十年）十月廿九日　忠利（花押303）

（島津家久）松大隅様
御報

』

二四四六　土井利勝書状（折紙）

一筆令啓上候、然者、御鷹之靍、送被遣候間、連狀を以申達候、將又、（徳川秀忠）相国様御氣色、追日御快氣之御様子御座候、（島津光久）薩广守殿も切〻御登城候而、御見廻被仰上、御仕合殘所無御座候間、御心易」可被思召候、委細者、伊勢兵部（貞昌）

少ゟ可爲言上候間、不能詳候、恐惶謹言、

土井大炊頭

利勝（花押304）

（寛永八年）霜月六日

（島津家久）松平大隅様

人ゝ御中

家久秀忠ノ不例ヲ聞キ日向ニテ船ヲ用意ス

家久來正月ノ參府ヲ願フ

土井利勝二月上旬ノ參

二四四七　土井利勝書状（折紙）

以上、

閏十月廿三日之貴札、致拝見候、然者、（徳川秀忠）相國様、弥被爲得御快氣候通、従（島津光久）薩摩守殿被仰達付而、御在國之旨、得其意、奉尤存候、随而、㝡前、御不例之儀相聞候刻、早速江戸可被成御參与思召、於日向表、舩之御用意被仰付候處、御無用之旨就　上意、御延引候得共、未御氣色もきと無御座候様ニ被聞召、御在國如何思召候条、來正月者、御国を被爲」立、江戸可被成御參之由、承候、尤ニ者御座候得共、二月上旬ニ者、暖氣ニも可罷成候間、其節御國を被爲立、可

府ヲ指示ス

然存候、猶、従伊勢兵部少（貞昌）可爲言上候、恐惶謹言、

土井大炊頭

（寛永八年）十一月晦日　利勝（花押305）

（島津）家久様
貴報

鷹ノ鶴拜領ノ禮トシテ平田宗弘ヲ遣ハス

二四四八　森川重俊書狀（折紙）

以上、

改年之御慶、目出度申納候、然者、従相國様（徳川秀忠）、御鷹之鶴被遣候、爲御礼、以平田鹿（狩カ）野助方（宗弘）、被仰上候、就其、貴札拜見、忝次第候、寔、早々御念之入〻〻御事候、將又、御不例之御様子、弥相替儀無御座候、御心安可被思召候、委曲、御使節可爲演說候、恐惶謹言、

森川出羽守

（寛永八年）正月九日　重俊（花押306）

薩广（島津家久）
中納言様
尊報

（封紙糊封ウハ書）
「薩广
中納言様
尊報
（墨引）
森川出羽守
重俊」

家久違例時ニ秀忠ヨリ鶴ヲ下賜サレ満足ス

二四四九　青山幸成書状（折紙）

猶以、御違例之節鶴被進候儀、一入御満足之段、奉得其意候、以上、

従（徳川秀忠）相國様、旧冬、御鷹之鶴御拝領儀、御満足思召預尊書、拝見、忝存候、蒙仰候通、奉得其意候、將又、御不例之御様子、弥相替儀無御座候、御心安可被思召候、委曲、平田鹿野（狩カ）助（宗弘）方可爲演説候、恐惶謹言、

（寛永八年）正月十一日　　青山大藏少輔
幸成（花押307）

薩广（島津家久）
中納言様
尊報

（封紙糊封ウハ書）
「薩广
中納言様　　　　幸成
尊報
（墨引）　　　青山大蔵少輔」

光久一段ト息災

二四五〇　永井尚政書状（折紙）

尚以、薩摩殿（島津光久）、一段御息災御座候間、御心安可被思召候、以上、

尊札致拝見候、今度、御鷹之鶴被進候儀、御満足ニ思召、為御礼、平田鹿野介〔狩〕（宗弘）方を以被仰上候、誠御念之被入さる御事候、将又、御不例之御様子、相替儀無御座候、委曲、鹿野介殿可為演説候、恐惶謹言、

（寛永八年）
正月十四日　　　永井信濃守
尚政（花押308）

薩摩（島津家久）中納言様
尊報

（封紙糊封ウハ書）
「薩摩中納言様
尊報
尚政

（墨引）
永井信濃守」

諸白並ニ鰹節進上ニツキ家久ヘ御内書出ル

二四五一　土井利勝書状（折紙）

貴札致拝見候、然者、従　大御所様（徳川秀忠）、御鷹之鶴被進候儀、忝思召、重而以御使者被仰上、諸白弐荷・鰹節、被成　御進上候、則、遂披露、御帋面之趣、具申上候處、一段御機嫌御座候て、御使者御前ヘ被召出、其上、被成　御内書候、委曲、」御使者可爲演說候間、不能詳候、恐惶謹言、

土井大炊頭

（寛永八年）
二月五日　利勝（花押309）

薩摩（島津家久）
中納言様
尊報

加藤忠廣國ヲ召上ゲラル
加藤家中ニ宿ヲ貸ス事苦シカラズ

二四五二　幕府上使連署奉書（折紙）

以上、

今度、加藤肥後守（忠廣）事、御國被召上候付而、家來之者共、立退可申候、然者、彼家中之者、於御分國、其むよりくに、宿をかし、やすらひ候ても不苦候間、其御心得、尤存候、恐〻謹言、

（寛永九年）六月十三日

伊丹播磨守
康勝（花押310）
稲葉丹後守
正勝（花押311）
石川主殿頭
忠總（花押312）

内藤左馬助
政長（花押313）

水野日向守（勝成）
○署判ナシ

松平大隅守殿（島津家久）
人々御中

二四五三　細川忠利書状（折紙）

細川忠興京ニテ養生ノ預定
家光ヨリ忠興ニ懇ロノ上意アリ
家久歸國ス
豊前ハ田地三分一ハ旱損ニテ飢饉ノ體
秀忠江戸城二丸へ移徙
長崎奉行ノ赴任

尚々、三齋（細川忠興）も、無事ニ罷有候、更とも、被草臥候間、罷上、通仙ふと（半井驢庵）ゝ相談可仕由、被申候、就其、將軍様（徳川家光）、一段忝　御意ニ而、緩々与養生被仕筈ニて御座候、可御心易候、以上、

六月廿日被成御着船候とて、早々御飛脚、忝存候、如仰、此中順風無御座、暑時分、一入御迷惑察入存候、先書如申上、我ホ者、早々罷下候、打續旱ニ而、國中迷惑仕候、豊前ふとハ、三ツ一ハ田地も旱ニ而、被作不申之由候、去年風已來、万打續、飢饉之躰ニ御座候、御国之躰茂察入存候、江戸茂替儀不承候、御二丸へハ御徙移（移徙）を申候、西丸へも、當年中御徙移（移徙）之由候、將又、長崎御奉行茂、

大坂ヨリ大廻ノ航路ヲトル

五日之内可被參ヽ申候、然共、今度之御奉行者、いつもニ易、直ニ舟よて大廻を長崎へ被參筈ニて候間、手間入可申と存候、猶、期後音候、恐惶謹言、

（寛永元年）六月廿三日　細川越中守

忠利（花押314）

（島津家久）松平□□　御報

松倉重政預ルおらんだ人出奔ス
家久探索ヲ命ジ琉球ニテ見出ス

二四五四　松倉重政書狀（折紙）

尚以、先度、使之者ニ御念比之段、御道服ふと被下候通、申越候、過分至極ニ奉存候、以上、

態以使申入候、此方手前ニ預り申候おらんだ、走り申候ニ付、拙者ゟの共より、其表へも、御年寄衆迄申入候処ニ、別而御懇之段、殊ニ御領内被爲入御念被仰付候ニ付て、琉球へ參候通、早速相聞申、嶋原へ被仰聞、忝次第、難申達候、其うへ、彼地へ人ヲ相越候ニ、御年寄衆ゟ御狀、案内者をも御遣可被成之旨、弥忝存事候、私儀、來春可」罷下候間、其節、具ニ御礼可申上候、恐惶謹言、

松倉長門守

重政（花押315）

（寛永九年）十一月十五日

（島津家久）島津大隅守様

人々御中

飛鳥井雅宣家久ニ來春明題集ノ寫ヲ進覧セル事ヲ約ス

雅宣家久ニ内々懇望セル出題ノ事ヲ免許ス

二四五五　飛鳥井雅宣書狀（折紙）

猶々、明題集、數多御座候、定而御所持候ハんすれとも、來春御上洛之砌、口傳ホ申入候刻、いつきよても令書写、可致進覧候、猶、期後音之時入候、以上、

霜月廿二日之尊書、當月五日令到來、拜見仕候、其地御無事ニ御座候由、珎重存候、内々御懇望候出題之儀、卽免之申候、切々御會ホ候哉、御詠一覽之、大望ニ候、來春早々、可爲御上洛候間、其節、以貴面可得貴意候、」委者、伊東仁右衞門尉殿申含候、恐惶謹言、

（寛永九年）臘月十三日

（飛鳥井）雅宣

（島津家久）大隅中納言様

貴報

「（封紙糊封ウハ書）大隅中納言様 （墨引） 雅宣
飛鳥井中納言」

二四五六 細川忠利書状（續紙）

尚々、攝津守殿（喜入忠政）へ申入候、相良殿（頼房）ゟ薩摩守殿（島津光久）へ參候犬曳を、被下候、慥ニ請取申候、早々御報可申事、本意ニ御座候へ共、豊前へ上使衆御越候而、一切無隙、其上、熊本へ參候付而、事之外取紛、御心易故、御報不申入、唯今如此候、是又、御心易故まて候、已上、

犬牽請取ノ禮遅延セルヲ詫ブ

我才儀、肥後へ罷越候通御聞候て、有付之躰をも、佐渡（松井興長）所迄御尋候由、扨々被懸御心、滿足存候、近日入城仕候故、未一切有付不申候、江戸ニ而大隅殿（島津家久）へ御約束仕、（紙繼目）如何よも緩々ら、來春互ニ可得御意候間、必御使なと不被下様なと、堅申合候つる、右如申、一切有付不申候故、各へ以飛脚も不申入候、近國ニ罷成、滿足可被成御推量候、大隅殿も、事之外御滿足ろりなて候つる、將又、肥

細川忠利肥後へ國替

近日入城ニツキ一切有付ナシ

島津家ノ近國トナリ滿足ス

幕府國廻上使ヲ遣ハス
上使ノ氏名書立ヲ送ル
黑田忠之西丸ヘ召サレ肥後出陣ノ準備ヲ命ゼラル
忠之家中ノ栗山利章ト取合ハセアリ
利章モ江戸ニ召サレ穿鑿サレム
德川忠長ノ儀

後之仕置、正月中迄者、如先代ゟ存候間、對国堺、右可爲同前候、其段、爲御理
如此候、又、正二月之比、（紙繼目）從江戸日本国へ、御國廻として、三人充人を被分、被
遣候、其國〻善惡被聞召候者、國〻仕置も可然候ハんろと、思召候ゟ聞候間、
其御心得御尤候、国〻へ被出候衆之書立、從江戸參候間、懸御目候、此内、
誰〻九州へ被參候との儀者、未知不申候、弥御仕置と存候、黑田殿（忠之）之儀も、十
一月十九日、西丸へ召候而、今度肥後之儀付而、若ちろへ候ハヽ早〻人數可出
候由、（紙繼目）被仰渡候処、數度御請を被仕、無其甲斐、内之者之儀ニ付取合被有儀、
不屆ゟ　思召候、家中之栗山大膳（利章）も被召寄、御穿鑿之上、重而可被仰出と聞
申候故、筑前之内も、事之外下〻氣遣仕候由候、駿河大納言殿（德川忠長）之儀、もや聞可
申候間、不具候、右如申、爰元、一切有付不申候間、重而可申承候条、書中不具
候、尚、從佐渡方可申入候、恐〻謹言、（紙繼目）

（寛永九年）十二月廿一日　　（細川）細越中
忠利

喜入攝津守殿（忠政）
川上左近將監殿（久國）
御宿所

出題免許狀

二四五七　飛鳥井雅宣口傳書（竪紙）

依令當道門弟之契約、出題之事、雖爲一家之重事、深御懇望之間、任旧例、免之候、猶、不混自余、令口傳者也、恐ゝ謹言、

權中納言
寛永第九暦臘月下旬　雅宣（飛鳥井）
大隅中納言殿（島津家久）

（封紙ウハ書）
「大隅中納言殿　雅宣」

家光板橋ニテ鹿狩

二四五八　江戸幕府年寄連署奉書（折紙）

昨日、板橋（武藏豊嶋郡）江被爲成、御狩之鹿一頭被遣上候間、持進候、恐ゝ謹言、

狩ノ鹿ヲ家久ニ與フ

（寛永十年）
十月八日

堀田加賀守
正盛（花押316）
阿部豊後守
忠秋（花押317）
松平伊豆守
信綱（花押318）」
酒井讃岐守
忠勝（花押319）
土井大炊頭
利勝（花押320）

薩摩（島津家久）中納言殿
人々御中

（封紙ウハ書）
「薩摩
　中納言殿
　　人々御中
　　　　　　土井大炊頭
　　　　　　酒井讃岐守」

家久將軍參內ノ供奉ヲ命ジラル

二四五九　江戸幕府年寄連署奉書（折紙）

來十八日、可被成御參　內之旨、被仰出候、然者、衣冠ニ而、如此以前、四足之御門迄被參、尤候、恐々謹言、

（寛永十一年）
七月十四日　　　　酒井讃岐守
　　　　　　　　　　忠勝（花押321）
　　　　　　　土井大炊頭
　　　　　　　　　　利勝（花押322）

薩摩
　中納言殿（島津家久）
　　人々御中

（封紙ウハ書）
「薩摩
中納言殿
土井大炊頭
酒井讃岐守」

禁裏四足門ヨリ供奉アルベシ

二四六〇　江戸幕府年寄書付（小切紙）

明日者、日出ニ、禁裏四足之御門迄被參、可有供奉候、以上、
（寛永十一年）
七月十七日
薩广（島津家久）
中納言殿

〔御文書　家久公廿六 二十二通　卷三十一〕

二四六一　土井利勝・酒井忠勝連署奉書（折紙）

琉球國王ノ代替

尚豊煩ニツキ朝益等上洛ノ預定

以上、

兩通之貴札、令拜見候、然者、琉球之国主、御代替付而、公方様（徳川家光）江御礼被申上候様ニと思召、兼日被仰遣候處、當國主（尚豊）煩ニ付、子息（佐敷王子朝益）幷国主舍才（弟）（金武王子朝貞）、近日來着之由、承候、御書中之通、達　上聞候処、則於京都御礼可被爲請之旨、被　仰出候間、其御」心得尤候、恐ゝ謹言、

（寛永十一年）閏七月二日

酒井讃岐守

忠勝（花押323）

土井大炊頭

利勝（花押324）

薩摩中納言殿（島津家久）

貴報

明日琉球使節目見得家光ノ装束ハ長袴

（封紙ウハ書）
「薩摩
中納言殿　　土井大炊頭
　　　　　　酒井讃岐守」

二四六二　土井利勝・酒井忠勝連署奉書（折紙）

琉球衆之　御目見、明日四時分ゟ、被　仰出候、　上様（徳川家光）、御長袴ニ而可有御座候間、其御心得候而、御登城尤候、恐々謹言、

（寛永十一年）
閏七月八日　　土井大炊頭
　　　　　　　　利勝（花押325）
　　　　　　酒井讃岐守
　　　　　　　　忠勝（花押326）

（島津家久）
松平大隅守殿
　　人々御中

（封紙ウハ書）
「松平大隅守殿
人〻御中　　土井大炊頭
酒井讚岐守」

二四六三　榊原職直・神尾元勝連署狀（折紙）

島津領ヘノ異國船著岸ヲ禁ゼラル
入津セシ六艘ノ唐船ニ長崎廻航ヲ命ズ

かがやん出ノ唐船三艘ハ長崎著津
殘ル三艘ハ未ダ著カズ

御使札、忝拜見仕候、然者、於上方御仕合能、此中御歸國被成、緩〻と御休息
被遊候由、珎重奉存候、隨而、爰元別条無御座候、將又、從當年、御領分ゟ吴国
舩着岸之儀、弥御法度ニ被仰付候旨、奉得其意候、御分國へ、唐舩六艘致入津
候間、當地へ御廻之由、從御家老中被仰越候、右六艘之內、壱艘者、先日此表
へ致着岸候、」かゝやん出之舟貳艘、御使者被差添、昨日入津仕候、殘る三艘
之船、未爰元へ不致參着候、其段、御使者へも申入候、猶、期後音之節候、恐惶
謹言、

（寛永十一年）
八月廿二日　　神尾內記
元勝（花押327）

榊原飛驒守
職直（花押328）
（島津家久）
松大隅□
□

二四六四　榊原職直・神尾元勝連署状（折紙）

かがやん出ノ唐船
三艘ノ船ハ長崎ヘ行カズ

以上、
一筆申入候、かゝやん出之唐舩貳艘、上乘のせ、被差越候、無異儀致着岸候、被入御念之段、尤存候、此外、唐舩一艘、寂前致入津候、殘る三艘者、此表へ不參候、尚、爰元之様子、使者可被申候間、不具候、恐々謹言、
（寛永十一年）
八月廿七日
榊原飛驒守
職直（花押329）
神尾内記
元勝（花押330）

(島津家久)
松平大隅守殿
家老中
神尾内記

(封紙糊封ウハ書)
「松平大隅守殿
家老中　　榊原飛騨守

(後筆)
『甲戌八月廿六日之御状、大藏備前守被持下候、
但、ろゝやん舟二艘、御うけ取之儀也、又、唐船三
(艘)
□□被仰候、』(墨引)
」

二四六五　堀田正盛書状(折紙)

松ノ材木ヲ進上ス首尾良ク受納サル

一筆致啓上候、然者、被成御進上候松之御材木、目録を以披露仕候之處、一段
首尾能上り申候間、御心易可被思召候、猶、期後音之時候、恐惶謹言、

(寛永十一年)
九月十五日　　　　堀田加賀守
正盛(花押331)

（島津家久）
松平大隅守様
人々御中

二四六六　江戸幕府年寄連署鶴送狀（折紙）

家光家久ニ鷹ノ鶴ヲ下賜ス

此鶴壱羽、從江戸、至薩广國、急度可相屆者也、

寛永十一戌
九月晦日

（堀田正盛）
加賀（黒印12）○印文「正盛」

（阿部忠秋）
豐後（黒印13）○印文「忠秋」

（松平信綱）
伊豆（黒印14）○印文「信綱」

（土井利勝）
大炊（黒印15）○印文未詳

右宿中

献上ノ硫黄火縄家光ニ披露サル
土井利勝江戸参府ニツキ指示ス

二四六七　土井利勝書状（折紙）

以上、

先日之硫磺火縄、時分能御座候付而、遂披露候処、遠路之儀、重畳入御念候段、御機嫌之御座候而、被遣　御内書候、此表、相替儀無御座候、江戸御参之儀者、」先日以書状申達候間、弥可被成其御心得候、委細者、従下野（島津久元）方可被申上候条、不能詳候、恐惶謹言、

（寛永十一年）
十月廿六日

土井大炊頭
利勝（花押332）

松平大隅守様

國ノ高付ヲ帳ニ仕立テ

二四六八　内藤忠重・安藤重長連署状（折紙）

以上、

尊書致拜閲候、然者、去年、於京都、御朱印御頂戴被成候御國之高付、具之御

進上ス
永井尚政江戸不在ノ為加判能ハズ

帳被成、御上候、一段と能御座候条、拙者共請取、指上申候間、御心安可被思
食候、永井信州（尚政）、當地ニ不罷在候付而、不能加判候、」猶、期後音之時候、恐惶
謹言、

（寛永十二年）二月朔日
安藤右京進
重長（花押333）
内藤伊賀守
忠重（花押334）

松平大隅守様
尊報

（封紙糊封ウハ書）
「松平大隅守様　尊報　安藤右京進
内藤伊賀守
（墨引）」

家久ノ参府家光ノ耳ニ立ツ
上使トシテ松平信綱遣ハサル
緩々休息ノ後ノ出仕ヲ指示サル

二四六九　土井利勝・酒井忠勝連署書状（折紙）

尊書之趣、致拜見候、隨而、御參之儀、　御耳ニ立、爲上使、松平伊豆守（信綱）を以、
緩ゝら被致休息、其上出仕可有之　上意之通、忝思食之旨、得其意、尤奉存
候、併、當年末　御目見不被成候間、」一刻も早御禮被仰上度御内存之由、尤
存候、　御前見合、重而御左右可申達候、恐惶謹言、

酒井讃岐守

（寛永十二年）三月朔日　忠勝（花押335）

土井大炊頭

利勝（花押336）

松平大隅守様
貴報

（封紙ウハ書）
「（島津家久）松平大隅守様　土井大炊頭
酒井讃岐守」

徳川義直同頼宣賜暇

家久八朔祝儀ニ光久ヲ伴フ

島津領著岸ノばはん人ヲ長崎へ送ル

二四七〇　土井利勝・酒井忠勝連署書状（折紙）

猶以、昨日御報可申上之處、尾張・紀伊兩大納言殿（徳川義直・同頼宣）御暇ニ付、取込候故遲引、心外之至候、以上、

尊書拜見仕候、仍、八朔御出仕之事、御父子共（島津家久・同光久）御登城、尤奉存候、就中、御國へ着岸候者ハん人之義、長崎へ皆〻被送遣候由、承候、得其意存候、猶、以拜顔可申達候、恐惶謹言、

（寛永十二年）七月晦日

酒井讚岐守

忠勝（花押337）

土井大炊頭

利勝（花押338）

薩广（島津家久）中納言様

尊答

（封紙ウハ書）
「薩广
中納言様
尊答
土井大炊頭
酒井讃岐守」

家光日本全國ニきりしたん改ヲ命ズ
有馬豊氏島津家ト協調シ改ム

二四七一　有馬豐氏書狀（折紙）

尚以、被入御念被仰聞候段、過分至極、不淺奉存候、以上、

尊札、忝致拜見候、仍、伴天蓮門徒之儀、重而就被　仰出、十一月朔日よ里極月中旬迄、日本國同時ニ御改可被成旨、各被仰合之由、寂ニ存候、如仰、拙者知行所、御隣国之事ニ候間、如何様ニも」任御意ニ可申付候、右之通、内ゝ被仰遣旨、得其意奉存候、何様令伺候、可得貴意候、恐惶謹言、

有馬玄蕃頭

（寛永十二年）
九月廿六日　豐氏（花押339）

（島津家久）
松隅州様
貴報

家久板倉重宗へ蜜柑ヲ贈ル

二四七二 板倉重宗書状（切紙）

以上、

一筆致啓上候、御國之密〔蜜〕柑、五百入弐籠、被懸御意候、遠路依思食、過分至極
奉存候、猶、期後音之時候、恐惶謹言、

（寛永十二年）
霜月廿五日板倉周防守

重宗（花押340）

（島津家久）
松平大隅守様
人〻御中

有馬直純大坂ニテ家久ニ船ヲ貸ス

家久有馬康純へ祝儀ヲ贈ル

康純賜暇サル

二四七三 有馬康純書状（折紙）

猶〻、（有馬直純）左衞門佐舩、折節大坂ニ罷有、御用ニ立、大慶ニ奉存候、就夫、御懇之御礼、御慇懃之
至ニ御座候、以上、

遠路被入御念御使札、殊、御太刀一腰・御馬代黄金壱枚幷御小袖拾、被懸貴
意、不浅忝奉存候、如被仰下、拙者儀、在所仕置申付候様ニと　御諚ニ而、仕合

能御暇被下、罷下候、何樣」追而、可奉得尊意候条、不能詳候、恐惶謹言、

有馬藏人

(寛永十二年)
十二月十一日　康純(花押341)

(島津家久)
松平大隅守樣
尊報

(封紙糊封ウハ書)
「松平大隅守樣　康純
尊報

(墨引)
有馬藏人」

家久中山王尚豐ヘ即位ノ祝儀ヲ贈ル
尚豐家久ノ長期ノ在府ヲ勞フ
佐敷王子朝益本復ス

二四七四　琉球中山王尚豐書狀(竪紙)

去冬者台書到來、開緘宛若奉對　溫顏、珍重多幸、殊更、爲御祝儀、御太刀一腰・御馬代銀子廿枚并芳茗一壺、欽拜受、御恩惠不淺、不知欣謝候、隨而、永〻御在江戸、何等之御遊興御座候哉、朝暮想像而已、次、佐鋪(朝益)、長〻遠例氣候之処、漸近時致本腹如之何幸哉、欣然〻〻、萬縷讓于　御使節之舌頭、不能詳

候、誠惶誠恐敬白、

（寛永十三年）
正月十一日　　　　琉球國主

尚豐（花押342）

進上　黄門家久（島津）尊公

「（封紙ウハ書）
進上　黄門家久尊公　　琉球國主

尚豐」

二四七五　江戸幕府年寄連署奉書（折紙）

家久光久ノ爲國府城ノ修築ヲ願フ
幕府許可スル

以上、

大隅國之内國府（國分、國分郡）之城、追手裏口仁建門、城内ニ作番屋、少ゝ番之者計差置、山下仁構屋敷、薩摩守（島津光久）被有之樣仁被仕度之由、被差上繪圖候、右之趣、達　上聞候之處、可被申付之旨、被　仰出候、可被得其意候、恐ゝ謹言、

堀田加賀守

寛永十三子
三月十四日

正盛（花押343）

阿部豊後守
忠秋（花押344）」

酒井讃岐守
忠勝（花押345）

土井大炊頭
利勝（花押346）

薩摩（島津家久）
中納言殿
人々御中

二四七六　理性院觀助書狀（折紙）

家久ニ參詣ヲ勸ム

追而、竹楊枝一折、令進入候、以上、

爲御見舞、以使札令啓達候、然者、久明王御參詣無之候間、今度思召立、於御光儀者、可爲恐悅候、恐惶謹言、

（寛永十三年）
五月廿二日　観助

（島津家久）
松平大隅守殿
人々御中

家光鷹野ニ出ル
鷹ノ鶴ヲ家久ニ下賜ス

二四七七　江戸幕府年寄連署奉書（折紙）

昨五日、御鷹野被為成、御とらせ候鶴、被遣之候、委細、従薩广守殿（島津光久）可被仰達候、恐々謹言、

（寛永十三年）
十月六日

阿部豊後守
忠秋（花押347）

松平伊豆守
信綱（花押348）

土井大炊頭
利勝（花押349）

薩摩（島津家久）
中納言殿
人々御中

（封紙糊封ウハ書）
「薩摩
中納言殿
人〻御中
封
土井大炊頭
松平伊豆守
阿部豊後守
与」

鷹ノ鶴ヲ薩摩ヘ送ル

二四七八　江戸幕府年寄連署鶴送狀（折紙）

此鶴、羽以下不損之様、従江戸至薩广国、松平大隅守殿（島津家久）迄、急度可相届者也、
寛永十三子
十月六日
豊後（阿部忠秋）（黑印16）○印文「忠秋」
伊豆（松平信綱）（黑印17）○印文「信綱」
大炊（土井利勝）（黑印18）○印文未詳

右宿中

家光鷹野ニテ鐵炮ヲ撃ツ
家久火縄ヲ進上ス
家久所労

（封紙ウハ書）
「松平大隅守殿へ之御報
鶴之送狀
」

二四七九　土井利勝書狀（折紙）

以上、
尊書致拜見候、隨而、公方様（徳川家光）、例（如脱カ）今程御鷹野、御鉄炮被遊ニ被爲成付而、去年も、御國之火縄被成御上候故、當年も貳百曲御進上候、右之旨達　上聞、火縄遂披露候處、一入御仕合共御座候、將又、御所労之由」承、一段無御心許奉存候、寒天ニも罷成候間、弥無御油斷、御保養簡要ニ奉存候、猶、追ゝ可得御意候、恐惶謹言、

土井大炊頭
利勝（花押350）

（寛永十三年）十月八日

（島津家久）松平大隅様
貴報

(封紙糊封ウハ書)
「松平大隅様 利勝
　　貴報
　封
　　土井大炊頭」

家久ノ病上聞ニ達ス
願ニヨリ久志本常尹ヲ薩摩ニ遣ハス

二四八〇　江戸幕府年寄連署奉書(折紙)

　御耳、一段無御心元被思召候、然者、久志本藥(常尹)服用有度之
所労之通、達
由、承候之趣、遂披露候之処、則、式ア(久志本常尹)被遣之候、養生之儀無油断様ニと思召、
以　御内書被仰候、委細者、従御同名薩摩守(島津光久)殿可被相達候之間、」不能詳
候、恐ゝ謹言、

　(寛永十三年)
　十月九日

阿部豊後守
　忠秋(花押351)
松平伊豆守
　信綱(花押352)

土井大炊頭
利勝（花押353）

薩摩（島津家久）
中納言殿
人々御中

（封紙糊封ウハ書）
「薩摩
中納言殿
封土井大炊頭
松平伊豆守
阿部豊後守

自江戸」

二四八一　土井利勝奉書（折紙）

家久病氣見舞ノ內書ヲ謝ス

御札致拜見候、就御所勞今度被遣　御內書候儀、忝之旨示給候之趣、達　上聞候、弥保養肝要之被　思召候、恐々謹言、

土井大炊頭

（寛永十三年）
十一月廿二日　　　　利勝（花押354）

薩摩
中納言殿（島津家久）
御報

（封紙糊封ウハ書）
「薩摩
中納言殿　　　　土井大炊頭
御報

封　　　　　　　　　　　　　　　　　　　　　　　　　　　　　　　　　　　　　ゟ」

二四八二　江戸幕府年寄連署奉書（折紙）

以上、

一筆令啓達候、然者、久志本式部（常尹）、其元参着、七日八日之分藥進候へ共、御同篇候之間、今少藥をも進、然と無之候ハヽ、療治御かへ候様ニいさし、式アハ可罷上ゟと、爰元へ言上候、右之通達　上聞候処ニ、所勞同篇之義、一段無

久志本常尹投藥スレドモ家久ノ病狀同篇

常尹ノ處遇ヲ江戸ヘ問合ハス

常尹ノ逗留ハ家久ノ心ニ任ス

御心元被思召候、久志本逗留之義者、（島津家久）大隅、達而望候ハヽ、心次才滞留可仕候旨、被仰出候間、可被成其御心得候、猶、追ゝ御吉事待入候、恐ゝ謹言、
（寛永十三年）十二月九日
阿部豊後守
忠秋（花押355）
松平伊豆守
信綱（花押356）
酒井讃岐守
忠勝（花押357）
土井大炊頭
利勝（花押358）
薩广（島津家久）中納言殿
人ゝ御中

（封紙ウハ書）
「薩摩中納言殿

土井大炊頭
酒井讃岐守

○他ニ記載ナシ、」

家久久志本常尹ノ薬ヲ服用ス容態好轉セズ

〔御文書 家久公廿七 二十一通 巻三十二〕

二四八三 土井利勝書状（折紙）

以上、

幸便之間、一筆致啓上候、然者、久志本式部（常尹）致参着、薬御服用候得共、御同篇之様ニ、久志本式部所ゟ承候、一段無御心許奉存候、（徳川家光）公方様、切ヽ被成御尋、不大形御機遣被思食候、寒ニも向候間、」弥無御油断、御保養簡要奉存候、追ヽ、御吉事奉待候、恐惶謹言、

土井大炊頭

（寛永十三年）十二月九日　利勝（花押359）

（島津家久）松平大隅守様
人ヽ御中

（封紙糊封ウハ書）「松平大隅守様
貴報　利勝

封
土井大炊頭」

二四八四　松平信綱書状（折紙）

家久御鷹ノ鶴ヲ拝領ス
御禮ノ使者御前ヘ召出サル

一筆致啓上候、然者、御鷹之靏拝領被成候付而、各迄、比志嶋（範員）監物方を以、御
礼被仰上候、則、大炊頭（土井利勝）被立　御耳候処、　御前ゟ被召出、遠路被入御念之
段、　御機嫌御座候、殊、貴殿所労、無御心元被思召之旨、御直ニ」被　仰含
候、将亦、砂糖五拾斤二桶、被懸御意、誠以毎度御懇情之段、過分忝奉存候、
猶、奉期後音之時候、恐惶謹言、

松平伊豆守
信綱（花押360）

（寛永十三年）
極月九日

（島津家久）
大隅守様
〔入ゝ〕御中

酒井忠勝へ在國見舞ノ使者ヲ遣ハス
燒酒竝ニ赤貝ノ成物ヲ贈ル
忠勝十一月晦日ニ參府

二四八五　酒井忠勝書狀（折紙）

尊書致拜見候、如仰、私儀、今度御暇被下、在國仕候儀被爲聞、彼地へ爲御見廻御使札、殊、燒酒一壺幷御国之赤貝之成物一壺、被送下候、拙者儀、先月中旬、國元罷立、去晦日ニ參府仕候故、御使、當御地迄被罷下候、誠遠路之処、御懇情之至、忝奉存候、然者、貴樣、頃御氣分惡御座候ニ付而、醫者之儀、薩摩守（島津光久）殿迄被仰越候通、土井大炊頭（利勝）被達　御耳、則、久志本式部（常尹）方被遣、其上、御内書被成下候之儀、忝被思食之由、尤奉存候、就中、御鷹之鶴御拜領、重疊恐悅不殘思召之由、奉存其旨候、將又、御氣色いまゝ聢共無御座之由、一段無御心元存候、寒天之時分ニ候間、折角御保生肝要奉存候、猶、期來慶之時候、恐惶謹言、

（寛永十三年）
十二月九日　　酒井讚岐守
　　　　　　　　忠勝（花押361）

（島津家久）
松平大隅守樣
　　尊報

二四八六　堀田正盛書状（折紙）

家久堀田正盛ニ白砂糖ヲ贈ル

今度、御鷹之靏拜領被成、忝被思召ニ付、御使者被差越之旨、令得其意候、隨而、爲御音信、白砂糖五拾斤入二箱、被懸御意候、誠遠路寄思召、別而忝奉存候、猶、重而可得御意候間、不能詳候、恐惶謹言、

堀田加賀守

（寛永十三年）極月九日　正盛（花押362）

（島津家久）松平大隅守様

人々御中

二四八七　細川忠利書状（折紙）

家久ノ病快方ニ向フ
徳川頼宣次男没ス
對應ノ仕方ヲ細川忠利

（細川忠利自筆）「猶々、御煩も少つゝよく御さ候よし、（久志本常尹）式ア殿ゟ□□御さ候キ、目出度存候〳〵、以上、」

追而之御状、拜見仕候、（徳川頼宣）紀伊國大納言殿二番目之御息修理大夫殿、御他界之儀ニ付而、使者ニ而可然（哉脱カ）、又、飛脚ニ而茂可進候哉、我ホ同□可被成由、得其意存

ニ尋ヌ

家光家久ノ病狀ヲ氣遣フ
光久久志本常尹ノ逗留延長ヲ願フ
家光許可ス

候、いろふも」輕使者を、御宿老中迄可進候、御香典なと、我ホ者不及候、國中へ」罷出、御報延引仕候、恐惶謹言、

（寛永十三年）
十二月十三日　　細川越中守

忠利（花押363）

（島津家久）
松大隅様
御報

二四八八　江戸幕府年寄連署奉書（折紙）

一筆申入候、所勞之様子、一段無御心元被思召候、寒氣之節候間、能〻保養肝要之旨、　上意候、將又、於爰元、御同名薩广守（島津光久）被申上候者、久志本式部（常尹）事、暫抑留有度之由ニ付而、其趣達　上聞候之處、弥令逗留可致養生之旨、被」仰出候、則、其段式ア所へ申越候、可有其御心得候、恐〻謹言、

（寛永十三年）
十二月廿七日　　阿部豐後守

忠秋（花押364）

松平伊豆守
信綱（花押365）
酒井讃岐守
忠勝（花押366）
土井大炊頭
利勝（花押367）

薩广（島津家久）中納言殿
人々御中

「（封紙糊封ウハ書）
封
薩摩
中納言殿
人々御中
ゟ
土井大炊頭
酒井讃岐守」

二四八九　土井利勝書状（折紙）

猶以、寒も早明申候間、弥可被爲得御快氣と、目出度奉存候、以上、

家久ノ病快氣ニ向フ

幸便之間、一筆致啓上候、然者、頃日者弥被得御快氣之由、別而目出度奉存候、（徳川家光）公方様も、不大形無御心元被思召候處、一入御機嫌共御座候、御當地、相替儀無御座候、猶、追ゝ、御吉事奉待候、恐惶謹言、

土井大炊頭

（寛永十四年）正月十一日　利勝（花押368）

（島津家久）松平大隅様

人ゝ御中

二四九〇　戸田氏經書狀（折紙）

家久戸田氏經ニ年頭祝儀ヲ贈ル

遠路、是迄尊書、殊、兩種被懸御意、忝奉存候、先以、御病氣之由、無御心許奉存候、猶、御使者口上申上候之間、不能一二ニ候、恐惶謹言、

戸田淡路守

（寛永十四年）正月十四日　氏經（花押369）

(島津家久)
中納言様
　　尊報　　　　戸田淡路守

(封紙糊封ウハ書)
「中納言様
　　尊報

(墨引)
　　　　ら」

二四九一　松平定綱書状(折紙)

松平定綱年頭ノ祝儀
秀忠不例
秀忠正月十三日ヨリ岡本諸品ノ藥ヲ用フ

以上、

當春之御慶、目出度奉存候、相國様(徳川秀忠)御機嫌、御同篇ニ被成御座候由、於其地、御氣遣ニ可被思召と奉察候、去時分、久志本式部(常尹)、御藥被召上候得共、當月十三日より、又、玄治法印(岡本諸品)御藥被召上之由、申來候、」御吉左右、承度迄ニ御座候、猶、追而、可得尊意候条、不能具候、恐惶謹言、

　　　　松平越中守
(寛永九年)正月廿一日　　定綱(花押370)

節無ノ松材ハ江戸ニナシ

家久江戸城本丸作事ニ節無シノ松ヲ進上ス

木心モ一段ト良シ

（島津家久）
中納言様
人々御中

二四九二　神尾元勝書状（折紙）

尚以、松ふしふし之材木、當御地ニも無之候処ニ、一段之御進上、可然奉存候、以上、

一筆令啓上候、然者、御氣色、今程者弥可爲御快氣と、珎重奉存候、當御地、相替儀も無御座候、將又、御本丸御作事ニ付、松ふしふし六寸角弐千本、御進上被成、御尤奉存候、御年寄衆御披露被成候而、御材木奉行衆請取被申候様ニ申渡候処ニ、無相違請取被申、木心も一段能御座候由、被申候条、此度〳〵、御作事ニ遣申候様ニ、弥可申付候間、御心安可被思召候、猶、追而可奉得御意候条、不能詳候、恐惶謹言、

（寛永十四年）
二月十一日　　神尾内記
元勝（花押371）

（島津家久）
松大隅守様
人々御中

家光ノ病一段ト驗氣ス食膳モ平常ニ戻ル本丸二ノ丸ヘモ出御ス

松平定綱家久ノ病狀ヲ案ズ

二四九三　松平定綱書状（折紙）

以上、

幸便之間、令啓上候、先以、（徳川家光）
公方様御不例、頃一段被爲成御驗氣、御膳も如常被聞召候、當月者、御本丸、二之丸ゟも、折ゝ　出御被成候、近日、　御目見ゟ可有御座由候、下ゝ迄も安堵、大慶不過之御事ニ御座候、御心安可思召候、然者、尊下御所勞如何、御快然ニ御座候哉、無御心元奉存候、折節以使札も御見廻申入度雖所存候、遠路故、疎畧罷成候、久志本（常尹）式ア殿、緩ゝ与滯留、御藥御相應之由、近日御平復可被成与奉察存候、爰元、何も相替儀無御座、薩（島津光久）广守殿御無爲ニ御座候、此才可御心易候、諸事、追而可得尊意候条、不能具候、恐惶謹言、

（寛永十四年）
三月十三日　　松平越中守
　　　　　　　　定綱（花押372）

（島津家久）
中納言様
人々御中
　　　　　　　　　　定綱
（封紙糊封ウハ書）
「松大隅守様
　　参
（墨引）
　　　　　　　松平越中守」

伊達忠宗ニ繼目ノ祝儀ヲ贈ル
家久病ノ爲參勤ヲ延引ス

二四九四　伊達忠宗書狀（折紙）

尚々、即使申候、茂庭周防所（良綱）へも、御太刀馬代幷御小袖、被下置、是又忝奉存候、以上、
繼目之御礼申上候爲御祝義、遠路、御使者、殊更、御太刀一腰・御馬一疋
銀子三十枚・御小袖十、贈預、誠被入御念、別而忝存候、將又、御煩故、御參勤御延引
被成之由、無御心許存候、御狼生干（肝）要存候、何茂、追而可得御意候、恐惶謹言、
（寛永十四年）
三月十六日
（伊達）
松平越前守
忠宗（花押373）
（島津家久）
松平大隅守様
　　御報

（封紙糊封ウハ書）
「松平大隅守様
　　御報
　　　　　　　　　　　　　　　忠宗
　　　　　　　〔松〕
　　　　　　　□平越前守
（墨引）　　　　　　　　　　　　　」

家光ノ病ニ見舞ノ使者ヲ遣ハス
家光ノ氣色快方ニ向フ

二四九五　江戸幕府年寄連署奉書（折紙）

尊書致拜見候、今度御不例之儀、無御心元被存、被差越使者候、達　上聞候處、被入念之通、御機嫌思召候、然者、御氣色之義、御快然御座候間、可御心安候、委曲、」使者可爲演說候、恐ゝ謹言、

（寛永十四年）
三月十九日

阿ア豐後守
　　忠秋（花押374）
松平伊豆守
　　信綱（花押375）
酒井讃岐守

忠勝（花押376）

土井大炊頭

利勝（花押377）

薩摩（島津家久）中納言殿

尊報

土井大炊頭

酒井讃岐守

松平伊豆守

阿ア豊後守

「（封紙糊封ウハ書）

薩摩

中納言殿

（墨引）

」

二四九六　江戸幕府年寄連署奉書（折紙）

以上、

幕府新銭ヲ鋳造ス

家久領内ニ

去月二日之御状、致拝見候、今度、新銭鋳候事、就被　仰出、於御領分茂新銭

テノ鑄造ヲ願フ幕府許可セズ

被申付度之由、承候、以來之儀者、國〻所〻ニても可被　仰付候之間、重而之御沙汰ニ被有之、尤候、委細者、伊勢兵ア少輔（貞昌）迄申入候、恐〻謹言、

（寛永十四年）
三月十九日

阿部豊後守
忠秋（花押378）
松平伊豆守
信綱（花押379）」
酒井讃岐守
忠勝（花押380）
土井大炊頭
利勝（花押381）

薩摩中納言殿（島津家久）
御報

「（封紙糊封ウハ書）
薩摩
中納言殿
土井大炊頭
酒井讃岐守
松平伊豆守
阿ア豊後守
封
自江戸」

飛鳥井雅宣家久ノ病ヲ見舞フ

二四九七　飛鳥井雅宣書状（折紙）

先日已後、以書狀不申入、無音、所存之外候、然者、御不例之由、承及候、如何
御座候哉、無御心元存候、定而可爲御快氣存候、此邊、別条之儀無御座候間、
可被御心易候、猶、期後音之時候、恐惶謹言、

（寛永十四年）
閏三月五日　（飛鳥井）雅宣

（島津家久）
松平大隅守様

「（封紙糊封ウハ書）
松平大隅守様　雅宣」

飛鳥井中納言

(墨引)

」

二四九八　江戸幕府年寄連署奉書(折紙)

家久家光ノ病ニ重ネテ見舞ノ使者ヲ遣ハス

以上、

去月廿九日兩通之御狀、致拜見候、公方様(徳川家光)御不例之御様子被承度付而、重而使者被差越候、達　上聞候處、度〻念之入候趣、御機嫌被思召候、御氣色義、先書如申達候、追日、御快然之御事候、將又、貴殿所勞之義、久志本藥(常尹)相應候之由、先以珎重候、雖然、喉之痛不相止之旨、御書中之通申上候處、一段無御心許思召候、弥、無」油斷療狼肝要旨、上意候、委曲、使者可述口上候、恐〻謹言、

(寛永十四年)閏三月廿八日

堀田加賀守

正盛(花押382)

阿部豊後守
忠秋（花押383）
松平伊豆守
信綱（花押384）
酒井讃岐守
忠勝（花押385）
土井大炊頭
利勝（花押386）

薩摩
中納言殿（島津家久）
貴報

（封紙糊封ウハ書）
「薩摩
中納言殿
土井大炊頭
酒井讃岐守
封
自江戸」

家久參府延期ヲ許可サル

二四九九　江戸幕府年寄連署奉書（折紙）

御札致拜見候、御所勞之故、當四月參勤之儀難成付而、使者被差越候、右之趣、達　上聞候之處、煩之儀累日被　知召候之間、無氣遣、緩ゝと可被致養生之旨、　上意候、委曲、使者可爲演說候、恐ゝ謹言、

（寛永十四年）
閏三月廿八日

堀田加賀守
正盛（花押387）
阿部豐後守
忠秋（花押388）」
松平伊豆守
信綱（花押389）
酒井讚岐守
忠勝（花押390）

土井大炊頭
利勝（花押391）

薩摩
中納言殿（島津家久）
貴報

土井大炊頭
酒井讃岐守
松平伊豆守
阿ア豊後守
堀田加賀守
ゟ

（封紙糊封ウハ書）

「薩摩
中納言殿

封」

家久土井利勝ニ鶴ヲ贈ル

二五〇〇　土井利勝書状（折紙）

猶以、靏壱羽被懸御意候、誠御病中ニ、重畳入御念之段、忝奉存候、委細之段者、伊勢兵部（貞昌）ゟ可被申上候、以上、

利勝家光ノ病狀ヲ報ズ

家久今年ハ參勤セズ養生セル樣命ゼラル

尊書拜見、忝奉存候、隨而、（德川家光）公方樣御不例ニ付、先度御使者被爲差登候以後之御樣子、被聞召度思召、重而使者を以被仰上候、右之旨、達　上聞候處ニ、重慮入念之段、　御機嫌共ニ御座候、　御氣色、遂日御本腹被成候間、御心安可被思召候、將又、當四月江戸御參難成ニ付て、「是又御斷」之段、使者を以被仰上候、右之趣も、　御耳ニ立、勿論狼生も半ニ被　思召候間、緩ゝと保狼在之樣ニと被　仰出候間、　上意之旨、以連狀申達候条、無御氣遣、御養生簡要奉存候、恐惶謹言、

（寛永十四年）閏三月廿九日　　　　土井大炊頭
利勝（花押392）

薩摩（島津家久）中納言樣
貴報

（封紙糊封ウハ書）
「薩摩
中納言樣
貴報　　　　　　　　利勝
封　　　　　　土井大炊頭」

家久病ニテ参府能ハザル事ヲ使者ニテ申入ル
家久ノ病ハ疑ナキ事

家久緩々ト養生スベキ旨連狀ニテ許可サル

家久ノ吐逆咽氣久志本常尹ノ薬ニテ治愈ス
喉ノ腫物ハ外科ノ薬モ用ユ

常尹今少シ逗留ス

二五〇一　酒井忠勝書狀（折紙）

以上、

尊書致拜見候、然者、當四月、可被成御參府候之処、御煩故、被成御在國、御迷惑被思食之旨、奉得其意候、就夫、各迄、以御使者御斷被仰入候、貴殿御煩之儀、久志本式部（常尹）方をも被　仰付、無疑儀ニ御座候処、爲入御念御事候、則、各被達上聞、緩ゝと養生可被仕之旨、以連狀被申入候間、可被爲得其意候、隨而、久志本式ア方、永ゝ逗留被申候得共、急不被成御快氣候付而、余仁へ療治之儀被仰付可然候、先ゝ可罷歸之旨、度ゝ被申候得共、」㝡前、吐逆咽氣ホとの儀、右之藥を以相直候間、喉之腫物ホ之儀者、外科之藥をも御用候、此御痛ニ付、御氣力衰候間、今少逗留候而、御氣力之樣をも被見合、脉躰之趣ニゟ、猶以藥被成御服用度被思召、被成御留之由、奉得其意候、併、食事者、自本も少成出申之由、先以珎重存候、御大病之儀ニ候之間、御心永緩ゝと御養生、專要

奉存候、猶、期後音之時候、恐惶謹言、

酒井讃岐守

（寛永十四年）閏三月廿九日　　忠勝（花押393）

（島津家久）松平大隅守様

尊報

（封紙糊封ウハ書）「松平大隅守様　　忠勝

尊報

（墨引）　　酒井讃岐守」

二五〇二　酒井忠勝書状（折紙）

家光ノ病氣快方ニ向フ
家光折々ハ牛込筋ヘモ出御ス

以上、

尊書致拝見候、然者、（徳川家光）公方様御氣色之御様躰、従（島津光久）薩广守殿、節ゝ被仰入候へ
共、遠国之儀候へハ、無御心元被思召之由、尤奉存候、頃者、弥以被成御快氣、
御城廻へも被為　成、折ゝハ、牛込筋へも御慰ニ被成　出御、緩ゝと御養生被

家久長キ大病ニヨリ殊ノ外衰弱ス

家久酒井忠勝へ鶴ヲ贈ル

遊候之間、少も御氣遣被思召間敷候、度ゝ入御念候御昏面之趣、達　上聞候、隨而、貴殿、此中者、次第御心能被思召候間、久志本式ア（常尹）方藥、猶以御用被成候者、頓而御快氣可被成と思召之由、尤奉存候、乍去、御大病と」申、長ゝ之御煩ニ付、事之外御衰被成之由、御道理至極存事候、乍此上、無御退屈御養生被成、何とそ被成御本復候樣ニと、朝夕奉存候、隨而、伊勢兵ア（貞昌）方へ申談候儀被爲聞、御滿足被思召之由、奉得其意候、特ニ御国之靏一羽、態被下候、寔遠路之所、御懇情之至、別而忝奉存候、委曲、期後音之時候、恐惶謹言、

酒井讃岐守

忠勝（花押394）

（寛永十四年）閏三月廿九日

（島津家久）松平大隅守樣

尊報

（封紙糊封ウハ書）「松平大隅守樣

尊報

忠勝

（墨引）

酒井讃岐守」

家光ノ病短期本復ノ様子トハ聞カズ

久志本常尹家光病氣ノ爲鹿兒島ヲ發ツ

家久自分ノ療治ノ事ヲ氣遣フ

二五〇三　細川忠利書状（折紙）

以上、

四月朔日之貴札、同廿三日相届、拜見、忝存候、　上様（徳川家光）御氣色、五日六日ニ御本復可被成御様躰とハ、聞え不申候、更共、少茂御氣遣之御座有儀ニ而ハ無之候由、承候間、可御心安候、貴様御氣分、于今然ゝ共無御座候由、無御心元存事候、久志本殿（常尹）も、」公方様（徳川家光）御不例ニ付而、其元御立候由、就其、此後之御養生如何可被成哉と被思召通、御尤存候、相替儀茂御座候ハヽ、可被仰下候、我ホ儀も、爰元下着仕、無事ニ罷在候、猶、追而可得御意候、恐惶謹言、

（寛永十四年）
四月廿三日　細（細川）越中
忠利（花押395）

（島津家久）
松大隅様
御報

（封紙ウハ書）
「松大隅様　参　細越中
（墨引）　　　　　　　　　　　忠」

大日本古文書　家わけ第十六　島津家文書之六　終

1
(2137)

2
(2138)

3
(2139)

4
(2140)

5
(2141)

6
(2142)

7
(2143)

8
(2144)

9
(2145)

10
(2146)

11
(2147)

12
(2148)

13
(2149)

14
(2150)

15
(2151)

16
(2152)

17
(2153)

18
(2154)

19
(2155)

1

20
(2156)

21
(2157)

22
(2158)

23
(2159)

24
(2160)

25
(2161)

26
(2162)

27
(2163)

28
(2164)

29
(2165)

30
(2166)

31
(2167)

32
(2168)

33
(2169)

34
(2170)

35
(2171)

36
(2172)

37
(2173)

38
(2174)

39
(2175)

40
(2176)

2

41
(2178)

42
(2179)

43
(2180)

44
(2181)

45
(2182)

46
(2183)

47
(2184)

48
(2185)

49
(2186)

50
(2187)

51
(2188)

52
(2189)

53
(2190)

54
(2191)

55
(2192)

56
(2193)

57
(2194)

54
(2196)

59
(2197)

3 
60
(2198)

61
(2200)

62
(2202)

63
(2203)

64
(2204)

65
(2204)

66
(2204)

67
(2204)

68
(2204)

69
(2205)

70
(2206)

71
(2207)

72
(2208)

73
(2209)

74
(2210)

75
(2211)

76
(2212)

77
(2213)

78
(2215)

79
(2216)

80
(2217)

81
(2218)

82
(2219)

83
(2220)

84
(2221)

85
(2222)

86
(2223)

87
(2224)

88
(2225)

89
(2226)

90
(2227)

91
(2228)

92
(2229)

93
(2230)

94
(2231)

95
(2232)

96
(2234)

97
(2235)

98
(2236)

99
(2237)

100
(2238)

5

101
(2241)

102
(2245)

103
(2247)

104
(2248)

105
(2249)

106
(2250)

107
(2251)

108
(2252)

109
(2253)

110
(2254)

111
(2256)

112
(2257)

113
(2258)

114
(2258)

115
(2258)

116
(2258)

117
(2260)

118
(2261)

119
(2262)

120
(2263)

121
(2265)

122
(2266)

123
(2267)

124
(2268)

125
(2269)

126
(2270)

127
(2271)

128
(2271)

129
(2271)

130
(2272)

131
(2273)

132
(2274)

133
(2277)

134
(2278)

135
(2279)

136
(2280)

137
(2281)

138
(2282)

139
(2283)

7

140
(2284)

141
(2285)

142
(2286)

143
(2287)

144
(2288)

145
(2289)

146
(2290)

147
(2291)

148
(2291)

149
(2291)

150
(2291)

151
(2291)

152
(2292)

153
(2293)

154
(2295)

155
(2296)

156
(2298)

157
(2299)

158
(2312)

159
(2314)

160
(2315)

161
(2316)

162
(2317)

163
(2318)

164
(2319)

165
(2321)

166
(2322)

167
(2323)

168
(2324)

169
(2325)

170
(2326)

171
(2327)

172
(2327)

173
(2330)

174
(2332)

175
(2334)

176
(2335)

177
(2335)

178
(2335)

179
(2336)

180
(2337)

181
(2338)

182
(2339)

183
(2339)

184
(2340)

185
(2341)

186
(2342)

187
(2343)

188
(2344)

189
(2345)

190
(2347)

191
(2348)

192
(2349)

193
(2350)

194
(2351)

195
(2352)

196
(2353)

197
(2355)

198
(2356)

199
(2357)

200
(2358)

201
(2359)

202
(2361)

203
(2362)

204
(2364)

205
(2365)

206
(2367)

207
(2368)

208
(2369)

209
(2370)

210
(2371)

211
(2372)

212
(2373)

213
(2374)

214
(2375)

215
(2376)

216
(2377)

217
(2378)

218
(2379)

219
(2380)

220
(2381)

221
(2382)

222
(2383)

223
(2384)

224
(2385)

225
(2385)

226
(2386)

227
(2387)

228
(2388)

229
(2389)

230
(2390)

231
(2392)

232
(2392)

233
(2392)

234
(2392)

235
(2393)

236
(2393)

237
(2393)

238
(2395)

239
(2396)

240
(2397)

241
(2398)

242
(2399)

243
(2400)

244
(2403)

245
(2403)

246
(2403)

247
(2403)

248
(2405)

249
(2406)

250
(2407)

251
(2408)

252
(2408)

253
(2408)

254
(2408)

255
(2409)

256
(2410)

257
(2411)

258
(2412)

259
(2413)

13

260
(2414)

261
(2415)

262
(2416)

263
(2417)

264
(2418)

265
(2418)

266
(2418)

267
(2419)

268
(2420)

269
(2421)

270
(2421)

271
(2421)

272
(2421)

273
(2422)

274
(2423)

275
(2424)

276
(2425)

277
(2426)

278
(2427)

279
(2428)

280
(2430)

281
(2431)

282
(2431)

283
(2431)

284
(2431)

285
(2432)

286
(2433)

287
(2434)

288
(2436)

289
(2437)

290
(2438)

291
(2439)

292
(2440)

293
(2440)

294
(2440)

295
(2440)

296
(2441)

297
(2441)

298
(2441)

299
(2441)

300
(2442)

301
(2443)

302
(2444)

303
(2445)

304
(2446)

305
(2447)

306
(2448)

307
(2449)

308
(2450)

309
(2451)

310
(2452)

311
(2452)

312
(2452)

313
(2452)

314
(2453)

315
(2454)

316
(2458)

317
(2458)

318
(2458)

319
(2458)

320
(2458)

321
(2459)

322
(2459)

323
(2461)

324
(2461)

325
(2462)

326
(2462)

327
(2463)

328
(2463)

329
(2464)

330
(2464)

331
(2465)

332
(2467)

333
(2468)

334
(2468)

335
(2469)

336
(2469)

337
(2470)

338
(2470)

339
(2471)

340
(2472)

341
(2473)

342
(2474)

343
(2475)

344
(2475)

345
(2475)

346
(2475)

347
(2477)

348
(2477)

349
(2477)

350
(2479)

351
(2480)

352
(2480)

353
(2480)

354
(2481)

355
(2482)

356
(2482)

357
(2482)

358
(2482)

359
(2483)

360
(2484)

361
(2485)

362
(2486)

363
(2487)

364
(2488)

365
(2488)

366
(2488)

367
(2488)

368
(2489)

369
(2490)

370
(2491)

371
(2492)

372
(2493)

373
(2494)

374
(2495)

375
(2495)

376
(2495)

377
(2495)

378
(2496)

379
(2496)

380
(2496)

381
(2496)

382
(2498)

383
(2498)

384
(2498)

385
(2498)

386
(2498)

387
(2499)

388
(2499)

389
(2499)

390
(2499)

391
(2499)

392
(2500)

393
(2501)

394
(2502)

395
(2503)

血判 1(2196)

血判 2(2353)

黒印 1(2246)

黒印2(2331)

黒印3(2394)

黒印4(2394)

黒印5(2394)

黒印6(2404)

黒印7(2404)

黒印 9(2404)

黒印 8(2404)

黒印 11(2443)

黒印 10(2428)

黒印 13(2466)

黒印 12(2466)

黒印 14（2466）

黒印 15（2466）

黒印 16（2478）

黒印 17（2478）

黒印 18（2478）

青印1(2259)

青印2(2354)

封印1(2428)

封印2(2428)

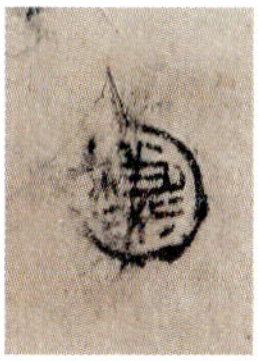

印1(2188)

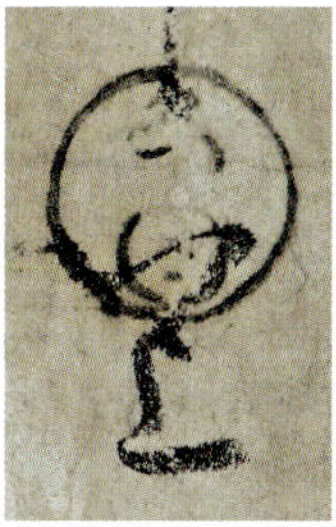

印2(2361)

大日本古文書　家わけ第十六　島津家文書之六

2019(平成31)年3月29日　発行

本体価格 9,000円

編纂・発行　東京大学史料編纂所

発　　売　一般財団法人　東京大学出版会

電　話　03(6407)1069
FAX　03(6407)1991
振　替　00160-6-59964

印刷・製本　大日本法令印刷株式会社

ISBN978-4-13-091146-7 C3321　Printed in Japan